Anni

Familiengeheimnis

Die Liebe meines Bruders hat mich krank gemacht

Bibliografische Information der Deutschen Nationalbibliothek:
Die Deutsche Nationalbibliothek verzeichnet diese Publikation in der
Deutschen Nationalbibliografie; detaillierte bibliografische Daten sind
im Internet über http://dnb.dnb.de abrufbar.

Herstellung und Verlag: BoD – Books on Demand

ISBN: 978-3-848215102

Inhaltsverzeichnis

Vorwort

Ich bin in den Achzigern geboren und wuchs in einer kleinen Ortschaft, mit meiner Mutter und meinen zwei Brüdern auf. Meine Mutter war alleinerziehend, da mein Vater früh verstarb.

Ich schreibe hier über die Erlebnisse in meiner Kindheit. Trotz, dass sich meine Mutter, möglicherweise, große Mühe gegeben hat, uns einigermaßen groß zu ziehen, ist es ihr größtenteils misslungen, sich sorgsam und achtvoll um uns zu kümmern. Sie selbst fühlte sich als einziges Mädchen, unter ihren Brüdern, nicht akzeptiert. Dies brachte sie immer dann zum Ausdruck, wenn sie über meine Oma schimpfte und erzählte, wie schlecht es ihr ergangen war. Sie habe nie neue Kleidung bekommen, wurde wegen schlechter Noten bestraft und durfte nicht die Ausbildung machen, die sie wollte. Nach außen war sie eine sehr nette und freundliche Frau, was sich jedoch änderte, wenn sie die Haustüre zur Wohnung aufschloss. Es war, als würde sie die Maske ablegen. Das Lachen verschwand, die Freundlichkeit wurde zur Verbittertheit. Das sie solche Ausdrücke, wie „dumme Schnepfe" in den Streitereien mit mir gebrauchte, war normal. Es war wichtig, dass wir Respekt ihr gegenüber hatten, obwohl sie uns selbst keinen zukommen ließ. Mein älterer Bruder übernahm zeitweise die fehlende Vaterrolle im Haushalt, passte auf uns „Kleinen" auf und versuchte uns mitzuerziehen. In unserer Familie herrschte immer eine extreme Zurückhaltung anderen Menschen gegenüber. Über Probleme sprach man kaum. Was man jedoch sehr gut beherrschte, war es, sich über andere Mitmenschen, den Mund zu zerreißen. Wie sieht der aus, was hat der an, was hat der mehr als ich es habe …

Meine Mutter war immer der Überzeugung, dass es allen anderen besser ergehen würde, als ihr. Zu ihren Minderwertigkeitsgefühlen kam noch hinzu, dass sie unter

Angstattacken litt und Tabletten dagegen nehmen musste. Es war ihr nicht möglich, längere Strecken alleine mit dem Auto zu fahren und bei Umgang mit anderen, sah man ihr ihre Unsicherheit immer an. Sie versuchte es zu überspielen, doch man merkte, dass sie keinen näheren Kontakt zu ihren Mitmenschen wollte.

Diese Unsicherheit habe ich schon als Kind mitbekommen und Teile, bis heute, davon übernommen und beibehalten. Ich merkte zwar, dass ich manche Verhaltensmuster nicht mochte, konnte sie aber nur schwer ablegen. Die Neigung zur Überängstlichkeit hatte sie mir mit in die Wiege gelegt. Ich denke, wenn sie mir Selbstbewusstsein vermittelt hätte, wäre es nie zu solchen Vorkommnissen zwischen meinem großen Bruder, meinen Freunden und Bekannten gekommen.

Wenn ich als Kind gelernt hätte, dass es mein Recht ist, „Nein" zu sagen, auch wenn es sich um einen älteren Menschen handelte, hätte ich das auch getan. Wenn ich zu dem hätte stehen können, was ich bin und was ich möchte oder nicht möchte, hätte ich mich weitaus besser entwickeln können. Mein älterer Bruder war sozusagen der einzige Mann im Haus und hatte sich daher auch ein wenig Respekt von meiner Mutter erarbeitet. Oft hatte er sogar das Ruder in die Hand genommen, wenn meine Mutter dazu nicht in der Lage war. Wenn ich das heute so betrachte, finde ich es sehr schwer, eine solche Aufgabe als Kind zu haben. Ich denke, wenn wir eine stabile Familie gewesen wären, hätte mein Bruder auch nicht so gehandelt, wie er es getan hatte. Dass bei so einem Verhalten eine tiefe seelische Störung dahinter steckt, ist für mich heute selbstverständlich. Ich versuche, die Welt immer aus zwei Richtungen zu betrachten. Wie kommt es dazu, dass es so kommt und warum macht ein Mensch, was er macht. Ich bin mir sicher, dass mein Bruder heute bereut, was er damals getan hatte und wenn er könnte, würde er es mit Sicherheit rückgängig machen. Ich habe niemals darüber nachgedacht, ihn anzuzeigen, weil ich nicht damit leben könnte, wenn ich sein Leben zerstören würde. Ich denke, dass er mit der Angst leben muss, dass ich es jederzeit könnte, ist Strafe genug.

Mein Zwillingsbruder war immer der „Gescheite" in unserer Familie. Er war immer sehr schnell in seiner Auffassungsgabe und war elektronisch immer auf dem neuesten Stand. Zeitweise konnte er meinem älteren Bruder Dinge erzählen, von denen er bis dahin noch nichts wusste. Obwohl er manchmal von den Aktionen, die mein großer Bruder mit mir machte, wusste, verlief sein bisheriges Leben sehr „normal". Ich würde sagen, dass er der Einzige aus der Familie ist, der keine großartigen „Störungen" hat. Natürlich hatte er das dezente Auftreten, was in unserer Familie gang und gäbe war. Jedoch schien es ihm nicht bei der Kontaktsuche mit Anderen im Wege zu stehen. Er hat es immer geschafft, sich ein Ansehen in der Schule zu verschaffen. Früher mit den Noten, später durch die coolen Kontakte, die er hatte. Heute, weil er es geschafft hat, mit beiden Beinen im Leben zu stehen und eine Familie zu ernähren.

Ich habe mich immer als „Anders" empfunden. Vielleicht, weil ich es auch ganz einfach war oder sogar heute noch bin. Obwohl ich meinem Zwillingsbruder von der Art recht ähnlich bin, hatte ich nie die Anerkennung und die Kontakte, die er hatte. Für mich war es immer schwierig, Freundschaften zu bilden und zu halten. Meine Kontakte zu den Mitmenschen waren immer konfliktreich und schwierig. Bis vor ein paar Jahren habe ich das selbst nicht verstanden.

1. Kapitel

Meine Mutter, eine schlanke große Frau, arbeitete als Putzhilfe in einem Möbelgeschäft. Sie war sehr streng und ihren Gefühlen sehr eingeschränkt. Wie ich heute bezeichne „Emotional Einfachdenkend". Das ist allerdings in keinster Weise als Beleidigung zu werten, sondern sie wusste es nicht anders. Obwohl sie eine große Intelligenz hat, war sie unfähig mit Emotionen und Problemen umzugehen. Ich hatte das Gefühl, dass sie nicht in der Lage war, irgendeine Art von Empathie zu empfinden, möglicherweise, um sich selbst ein wenig zu schützen. Wie ein Kind, das sich die Augen zu hält und der Meinung ist, man könne es dann nicht mehr sehen. Sie war sehr darauf erpicht, dass wir nach außen hin eine „perfekte Familie" waren. Keiner durfte etwas von Problemen wissen oder Bosheiten mitbekommen, wir mussten also die super Kinder sein, die wir jedoch nur selten waren. Aber die Enge und den Druck spürte ich sehr schnell. Meinen Vater ist sehr früh verstorben. Also musste sich unsere Mutter alleine um uns kümmern. Das war nicht gerade immer leicht. Wir waren insgesamt drei Kinder. Mein älterer Bruder, mein Zwillingsbruder und ich, das einzige Mädchen. Ich wusste mich immer zu wehren, das hat man anscheinend in der Natur, wenn man als einziges Mädchen zwischen zwei Brüdern aufwächst. Mein großer Bruder war schon in der Schule, er war gerade 13 Jahre alt. Mein Zwillingsbruder und ich waren gerade sechs, noch nicht eingeschult. Wir haben viel Zeit bei unserer Oma verbracht, wenn meine Mutter montags und donnerstags arbeiten ging. An manchen Tagen blieben wir auch zu Hause und beschäftigten uns mit gemeinsamen Spielen, wie Fangen oder Verstecken, bis unser großer Bruder aus der Schule kam. Er beschäftigte sich immer viel mit uns, so auch an diesem Tag. Ich ahnte zu dem Zeitpunkt nicht, dass dies ein Tag geben würde, der mein Leben veränderte.
Mein großer Bruder schlug uns vor: >> wir könnten ja

"Mutter-Vater-Kind" spielen. << Es war ein guter Vorschlag und wir freuten uns, mit unserem großen Bruder spielen zu dürfen. Er lag auf der Couch und vergab uns die Rollen. Er spiele den Vater, ich die Mutter und mein Zwillingsbruder solle das Kind spielen. Eine sehr interessante Rolle für meinen Zwillingsbruder, was ich erst heute so sehe. Denn immerhin waren wir ja Kinder zu der Zeit und wie solle man eine Rolle annehmen, die man sowieso immer war, nämlich das Kind. OK. Wir ließen uns darauf ein, schließlich waren wir Kinder und Kinder spielen gerne, vor allem mit dem großen Bruder. Er erklärte meinem Zwillingsbruder, was er zu tun habe. Er solle sich mit Spielen beschäftigen, was Kinder eben so machen. Er tat es auch, suchte sie ein Spielzeug und spielte damit in seinem Zimmer. Ich saß neben meinem Bruder auf der Couch und wartete auf meine "Anweisungen", wie ich mich zu verhalten hatte, damit das Spiel ein Erfolg werden würde. >>Als Mutter musst du dich ausziehen und ich als Vater auch<<, meinte er zu mir. Ich war erschrocken, dass wollte ich so gar nicht. Ich weigerte mich auszuziehen, dass war so nicht gewollt, dachte ich mir. Er ließ es sich nicht nehmen und zog sich trotzdem aus. >>So macht man das<< meinte er zu mir und grinste mich an. >> Komm fass mich mal an, da kannst du mit deiner Hand auf meinen Oberkörper fassen und die Beine und besonders schön ist es zwischen den Beinen, dass kitzelt ganz doll und gefällt mir<<, sagte er. Meine Gedanken waren verwirrt, eigentlich mochte ich das nicht so, ich schämte mich, ich fühlte mich peinlich berührt. Er nackt, für mich ein Männerkörper, nicht wie der von meinem Zwillingsbruder. Er nahm meine Hand und führte sie über seinen Körper, seine Brust. Er sagte, ich solle ihm zwischen die Beine fassen, ich traute mich nicht, zu widersprechen. Ich wollte nicht, dass er mir böse war. „Ist doch nur ein Spiel, ich will kein Spielverderber sein." Dachte ich. Ich fasste ihn an, er lächelte, nickte mir zu. Ich beobachtete, was er tat. Er schloss die Augen. Mein Zwillingsbruder kam wieder an:

>>Was macht ihr? <<, fragte er erstaunt, als er uns so sah.
>>Geh, du sollst spielen, so macht es keinen Spaß, wir
spielen auch<<, meinte mein älterer Bruder darauf zu ihm.
Er ging wieder.
Ich nahm in seinem Gesicht eine gewisse Zufriedenheit war.
Sein Atem erschrak mich. Wie sollte ich das alles deuten.
Was sollte ich davon halten. Sollte ich überhaupt etwas
davon halten? Diese Prozedur, wie ich sie mal nennen
möchte, nahm ein Ende. Sie endete eigentlich, wie sie
angefangen hatte - mit Erschrecken und mit dem Satz >>gib
mir mal ein Taschentuch<<. Dieses Endergebnis vollstreckte
er selbst. Das „Spiel" war abrupt beendet. >>So komm, ich
zieh mich an<<, sagte er, etwas gestresst, zu mir. Ich
versuchte mir nicht anmerken zu lassen, dass es mir nicht so
gut gefallen hatte. Offensichtlich nicht so gut, wie es ihm
gefallen hatte. >>Das machen wir jetzt öfters<< hörte ich
ihn sagen. Warum fragt er mich nicht, ob es mir Spaß
gemacht hat? Er will es ab jetzt „öfters" machen? OK dachte
ich mir, vielleicht musste ich mich daran erst mal gewöhnen.
An die Tatsache, dass ich meinen Bruder so gesehen hatte,
wie noch nie zuvor, ihn erlebt hatte, wie noch nie zuvor.
>>Davon sagen wir der Mama aber nichts, das tut ihr nicht
gut oder willst du das sie sich aufregt? <<, meinte er zu mir,
als er sich angezogen hatte. Irgendwie kam für mich nicht
infrage, es meiner Mutter zu sagen. Warum nicht? Wir
sprachen nicht über Dinge, die unter die Gürtellinie gehen.
Man sprach nicht über dass, was Männer oder Frauen in der
Hose haben und ohne diese Wörter auszusprechen, kann ich
es ja nicht sagen. Außerdem fand ich dieses „Spiel" nicht so
toll.
Es fiel mir schwer, mich mit diesem Gedanken
anzufreunden. Was ich gesehen hatte, gefiel mir nicht. Es
grauste mich und ich schämte mich. Ich schämte mich, dass
ich so etwas getan hatte. Aber ich beruhigte mich, indem sich
bei mir der Gedanke festsetzte, „es war ja nicht meine Idee".
Meine Mutter kam nach Hause, ihre unruhige Art, ihr

rasendes Wesen steckte mich an. >>Habt ihr was gegessen, wart ihr auch schön brav, habt ihr schön gespielt. << Diese Fragen ließen mich zum ersten Mal erröten. Es war anders als sonst. Auch sie sah ich jetzt in einem anderen Licht. „Sie hatte das mit meinem Vater gemacht", huscht es mir durch den Kopf. Aber wenn mein "erwachsener" Bruder sagte, dass so etwas normal wäre, würde es schon stimmen, er würde mich nicht anlügen.

Meine Gedanken kreisten noch den ganzen Tag um dieses Erlebnis. War ich jetzt reicher an Erfahrung? War ich jetzt erwachsen? War ich anders geworden?

2. Kapitel

Da meine Mutter montags und donnerstags arbeitete, hatte ich also ein paar Tage Zeit mich mit diesem Erlebnis auseinanderzusetzen, was mir als Kind nicht unbedingt schwerfiel. Irgendwann stoppten auch die Gedankenkreise, mein kindlicher Alltag hatte mich wieder. Alles drehte sich nur noch darum, möglichst viel Spaß zu haben und Spiele zu machen, die mir auch Freude bereiteten. Mit meinem Zwillingsbruder hatte ich eine gute Partie gemacht, wir verstanden uns blind. Oft konnten wir Stunden lachen, toben und hatten mehr als nur ein bisschen Unsinn im Kopf, was meine Mutter oft verzweifeln ließ.

Die losgelassene Tigerbande fetzte umher und hinterließ überall diverse Spuren der Jagd. Solche Scherze wie, der Boden besteht aus Lava, aus Matratzen werden Rutschbahnen gemacht und wer die besten Kaugummiblasen macht, ist der Gewinner, gehörten zu unseren alltäglichen Voraussetzungen, einen Tag sinnvoll zu gestalten. Jeder, der uns in die Quere kam, musste damit rechnen, ohne Vorwarnung, umgerannt zu werden. Der überaus groß geratene Balkon diente täglich als Auslauf für die etwas überhitzte Tigerbande. Was unsere Vermieter, die darüber wohnten, oft belächelten, wenn es nicht sogar in großes Gelächter ausartete.

Meinem Zwillingsbruder und mir hatte es große Freude bereitet, uns als gute Clowns zu verkaufen. So war jeden Tag die Showbühne eröffnet, wer es sich ansehen wollte, war herzlich eingeladen, egal ob es die Vermieterfamilie von oberhalb war oder die umliegenden Nachbarn. Heute meine ich behaupten zu können, es hat allen großen Spaß gemacht, uns zu beobachten.

Meine schwer einstudierten Schlagertexte gab ich regelmäßig, mit lautem Gesang von mir. Ich gab mir größte Mühe die vermutlich gesamte Straße zu unterhalten, was oft mit Applaus der gegenüberliegenden Nachbarn belohnt wurde.

Heute frage ich mich, ob es wirklich ankam oder der verzweifelte Versuch war, einem Kind etwas Nettes zu tun. Aber heute ist mir eines klar: Als Kind ist es einem egal, ob es jemand hören möchte oder nicht, was angebracht ist oder nicht. Ein Kind möchte tun, wozu es gerade Lust hat und manchmal müssen darunter auch Nachbarn leiden.

Allgemein hatten wir ein sehr gutes Verhältnis zu all unseren Nachbarn. Ich wusste genau, wer wo in welchem Haus wohnte. Oft verbrachte ich Nachmittage bei Frau Freres. Sie selbst hatte Kinder, die schon seit Jahren ausgezogen waren. Lebte mit ihrem Mann, der für mich immer ein typischer Förster war. Ob dies meiner kindlichen Fantasie entsprungen war oder der Realität entsprach, kann ich heute nicht mehr sagen. Er war außerordentlich gut gekleidet, grüne Cordhose mit grüner Jacke und einem Hut mit einer Feder dran. Auch den Hund, ein Weimaraner, würde ich heute als typischen Försterhund bezeichnen. Seine allerliebste Ehefrau, die mich immer außerordentlich nett behandelte, war eine große, schlanke und sehr attraktive Frau. Das Haus war mit Geweihen geschmückt, der Garten eine Pracht. Überaus ordentlich, das Gras fast linealgenau gekürzt. Sobald ich den Garten betrat, überkam mich einen Hauch von Luxus. „So musste das Leben aussehen", dachte ich mir immer, genauso wollte ich das auch mal haben.

Ich habe mich oft und gerne bei ihr aufgehalten. Ihr Mann war eher selten zu den Zeiten daheim, wenn ich mich dort befand. Wir schauten zusammen Fern und ich löcherte sie mit all meinen Fragen, die man als Kind nun mal so hat.

In meiner kindlichen Naivität sah ich dass, was mein Bruder ab nun regelmäßig mit mir vollzog, als nicht so sehr bedenklich an. Was ich weniger als angenehm empfand, war dass, was mich immer wieder, während des Aktes überkam. Ein unaussprechbares Gefühl, eine Mischung aus extremem Durstgefühl und der verschobenen Wahrnehmung zu meinem Körper. Dies möchte ich so ausdrücken, wie das Gefühl, seinen Körper ein Stück zu verlieren, ein

Schwindelgefühl, das den ganzen Körper lahmlegte. Ich spürte weder meine Arme noch meine Beine oder was immer ich auch noch an meinem Körper zur Verfügung hatte. Diese Empfindung legte sich wieder, wenn dieser Akt beendet war. Einen großen Unterschied, zu dem erstmaligen Erlebnis, war es nicht. Es ähnelte sich sehr. Außer das es inzwischen so weit gekommen war, dass mein Bruder nicht mehr damit zufrieden war, dass ich seine Gelüste befriedigte. Sondern er es auch wünschte, dass ich mich auszog und er mich während des Ablaufes anfasste. Aus dieser Sache wurde ein großes Geheimnis gemacht, niemand sollte und durfte davon etwas wissen, auch wäre es mir viel zu unangenehm gewesen, dies anzusprechen. Zudem versicherte mir mein Bruder, dass das schließlich jeder Bruder so mit seiner Schwester machen würde, also eben normal sei.

Genau diese Aussage hat mich bis über meine Kindertage hinweg verfolgt. Selbst in meiner Jugend- und Erwachsenenzeit habe ich an diese Worte geglaubt. Ich war der festen Überzeugung, dass es wahr sein musste, was er mir erzählte.

Inzwischen wurden wir eingeschult.

3. Kapitel

Montagmorgen, 7.30 Uhr, meine Mutter weckte uns zum Aufstehen.

>>Kommt aufstehen … ihr müsst zur Schule …<<, hörte ich sie sagen. Seltsamerweise fand ich das „Frühaufstehen" als Kind nicht wirklich schlimm. Was ich schlimm fand, war die Schule. Ein Graus, ein „Haus des Untergangs", wie ich es empfand. Als Kind denkt man nicht immer viel nach, aber eines habe ich oft, an die Schule und an meine erschreckende Klassenlehrerin gedacht, nicht einmal, nicht zweimal am Tag … immer. Vor ihr hatte ich Angst. Warum kann ich gar nicht genau sagen. Ihre ganze Art fand ich erschreckend. Frau Mehrlich war sehr bestimmend und laut in ihrer Art. Sie hatte sehr oft ein rosa Kostüm mit Rock an. Sie war ein wenig pummelig und hatte dunkle Haare, die bis zum Kinn gingen. Nicht gerade eine Schönheit, um die 50, aber immerhin … Sie war Lehrerin an meiner Schule. Schade, dass mir das nicht erspart blieb.

Da es meine Klassenlehrerin war, kam ich nicht drum herum, sie möglichst jeden Tag zu sehen. Im ersten Schuljahr hatte ich sogar noch samstags Unterricht bei ihr, welch ein Albtraum. Sie unterrichtete Mathe, Deutsch, Heimat- und Sachunterricht. Also die meiste Zeit der ersten vier Klassen verbrachte ich bei ihr.

Sie gestaltet den Unterricht, indem sie uns jeden Morgen an ihr Pult treten ließ, um die Hausaufgaben zu kontrollieren. Schon bei diesem Vorgang zitterten mir die Knie, weil ich der Überzeugung war, sie ist wieder nicht zufrieden mit meinen Aufgaben. Sie war eine Frau, die nicht gerade oft lachte und den Ernst des Lebens ein wenig zu ernst nahm. Möglicherweise würden andere sagen, sie war doch nur zu korrekt. Aber in einer Grundschule sollte man wissen, dass man es mit Kindern zu tun hat, was sie womöglich öfters vergessen hatte.

Zugegebenerweise war ich in ihrem Fach Mathe eine

absolute Niete. Ich verstand einfach nicht, was diese Frau von mir wollte. Zahlen, Zahlen, Zahlen … dass war nichts für mich. Es war mir ein Rätsel wie Menschen Spaß daran empfinden konnten, Zahlen zu addieren, subtrahieren, multiplizieren oder zu dividieren. Mein Bruder war so ein Mensch. Er war nicht nur ein Genie, nein, er war auch jemand der so etwas gerne getan hatte. Mit Leidenschaft und vor allem ohne Probleme schaffte er dass, was ich bis heute nicht verstehe. Meine hervorragende Mathematik Kenntnis brachte mich dazu, dass ich auch noch nach dem regulären Unterricht zum Förderunterricht musste. Wie sich das schon anhört, ich dachte mir immer nur „Sagt doch gleich, dass ich unfähig bin …" Ja ich war unfähig. Unfähig mit Summen und Zahlen umzugehen. Ehrlich gesagt, es hat mich bis heute nie interessiert, warum Max nach dem Einkauf nur noch 10 Euro und keine 20 Euro mehr hat. Ich kannte Max nicht und wollte mir auch nicht sein Problem aufhalsen. Meine Meinung, nicht die meiner Klassenlehrerin Frau Mehrlich. Sie war gerade zu zornig, wenn ich es mal wieder nicht schaffte, meine gestellte Rechenaufgabe zu lösen und je ungeduldiger sie wurde, umso ruhiger wurde ich. Ich traute mich irgendwann gar nicht mehr, sie etwas zu fragen oder ihr meine Aufgabe zu zeigen. Dass mein Bruder so intelligent war, brachte mir zu diesem Zeitpunkt gar nichts. Jedes Mal wenn wieder dieser „Förderunterricht" begann, durfte er mit seinem Freund nach Hause gehen. Was für eine Welt. Mir blieb da meist nichts anderes übrig, als vor Wut in Tränen auszubrechen. Dies tat ich fast regelmäßig, wenn mein Bruder gehen durfte und ich armer Tropf bei diesem Drachen zurückbleiben musste. Meinem Bruder war es peinlich, meiner Lehrerin lästig. Alles half nichts, ich musste durch. Natürlich war ich, weiß Gott, nicht alleine in dieser Unterrichtsstunde, aber es waren auch nicht gerade meine Freunde, mit denen ich diese 45 Minuten verbringen musste. Es waren immer dieselben und sie interessierten mich auch nicht wirklich. Ich war an meinen Bruder gebunden, wie man eben als Zwillinge verbunden ist.

Eine Situation, die mir bis zu meinem Ende der Schulzeit geblieben ist. Wo mein Bruder war, war ich auch, manche fanden es lächerlich, ich ganz angenehm. Immer jemanden zu haben, dem man vertrauen konnte. Einen Menschen, den man kannte und der einem nicht schaden würde. So sah ich das. Vielleicht ist das der Grund, dass ich mich heute oft alleine fühle. Als wäre ein Teil von mir nicht anwesend. Das Gefühl, als wäre man unfähig irgendetwas alleine zu tun, weil man es sowieso nicht schaffen würde. Natürlich habe ich später alleine eine Ausbildung gemacht, aber es war eine große Umstellung, wenn man vorher nie alleine war und ab einem gewissen Zeitpunkt alleine da stand und sehen musste, wie man zu kam. Erst später lernte ich dadurch auch Vorteile kennen. Man konnte tun und lassen, was man wollte, ohne Rücksicht auf jemanden nehmen zu müssen. Man kam schneller ins Gespräch mit Anderen, wenn man nicht immer einen Gesprächspartner aus familiärer Seite bei sich hatte. Nun zurück zu meiner Grundschulzeit.

Ich war nicht nur schlecht in Mathematik, ich war auch in Deutsch nicht gerade gut, bis zu einem Tag. Meine Mutter nahm sich vor, mich in Deutsch ein wenig aufzurüsten, also durfte ich lesen und lesen und lesen. Ich schrieb Diktate, die mein großer Bruder korrigierte. Ja an diesem Tag änderte sich meine gesamte Deutschlaufbahn. Ich wurde gut, konnte schneller lesen und machte lange nicht mehr so viele Rechtschreibfehler, wie am Anfang. Ich merkte also, ich war doch nicht „unfähig", nein … ich konnte was, ich konnte Deutsch.

Die Zeit in der Grundschule war für mich nicht immer einfach, ich hatte große Probleme damit, mich auf fremde Menschen einzulassen und fühlte mich oftmals mit dem überfordert, was die Lehrer von mir wollten. Eigentlich war ich ein ziemlicher Wirbelwind, ich kann mir nicht erklären, warum ich das nicht auch in der Schule sein konnte. Ich war oftmals nicht in der Lage mich gegen Konfrontationen zu wehren. Wenn ich das Gefühl hatte, mir wollte jemand etwas Böses, verschloss ich mich komplett. Das Gefühl, ich könnte es jemandem nicht recht machen, sei es mit meiner Art oder mit meinen Leistungen, brachte mich dazu, mich ständig unter enormen emotionalen Druck zu setzen. Den Unterricht empfand ich als ein Mittel, mich festzuhalten. Ein Gefühl der Bedrängnis und des ausgeliefert Seins. Ich musste mich auf fremde Menschen einlassen, was ich eigentlich gar nicht wollte. Meine Klassenlehrerin sah ich als eine Frau an, die sehr wohl in der Lage war, meine ganze Zukunft zu beeinflussen, was mir zeitweise Angst bereitete. In meinen Schulberichten, der ersten zwei Klassen konnte man dann so etwas lesen:

Die Schülerin ist noch immer sehr schüchtern und hat dadurch Kontaktschwierigkeiten. Zu ihren Lehrerinnen hat sie Zutrauen gefasst. Sie folgt dem Unterricht aufmerksam, ab und zu scheint sie zu träumen.

Oder so was wie:
Die Schülerin bewältigt inzwischen den Schulalltag. Sie benötigt noch Ermunterung seitens der Lehrerinnen. Ihre Schulsachen hält sie in Ordnung.
Sie versucht dem Unterricht zu folgen, ist aber nicht immer ganz mit den Gedanken bei der Sache. Sie arbeitet unselbständig und traut sich wenig zu.

Immerhin fiel es den Lehrern auf, dass etwas nicht in Ordnung schien. Was ich auch erst heute so behaupten kann, denn damals war für mich alles in Ordnung. Ich sah das Verhalten meines Bruders nicht als dermaßen falsch an. Es gehörte für mich zum Alltag und diese Tage, an denen meine Mutter zur Arbeit musste, waren für mich schon klar gegliedert, denn ich wusste, was mich erwarten würde. Es war, als würde ich meinen Dienst erfüllen, möglichst mit genauem Zeitplan und auch möglichst gut, damit ich mir nichts anhören musste und mir nicht wieder dieses Gefühl in die Quere kam, ich hätte etwas nicht richtig oder nicht gut gemacht. Zu meinen Aufgaben als Schwesterlein gehörte dieser Akt inzwischen dazu, bei dem ich meinen Bruder zufriedenstellen konnte und er immer äußerst freundlich und liebenswert zu mir war. Ich mochte es, wenn ein Mensch nett zu mir war, auch wenn ich dafür Dinge tun musste, die mir nicht so sehr gefielen. Ich wollte Menschen glücklich machen, vor allem meinen Bruder und mich möglichst gut darstellen.

Obwohl es mir äußerst schwer fiel, mich anderen Personen zu öffnen und mich als ein eigenes Wesen zu präsentieren, hatte ich es irgendwann geschafft doch diverse Kontakte zu Mitschülerinnen zu bekommen. Oftmals war es für mich nur oberflächlich, man verstand sich in der Unterrichtszeit gut und nach Unterrichtsende ging jeder seinen eigenen Weg nach Hause. Ab und zu habe ich einen Nachmittag mal dort und mal hier verbracht, was meist aber bei diesem einen Mal blieb. In fremder Umgebung fühlte ich mich nicht wohl und auch das Gefühl es demjenigen nicht recht zu machen blockierte mich innerlich. Also beließ ich es dabei, es oberflächlich zu halten, womit ich die wenigsten Probleme hatte.

Auf die Frage

>>wann kommst du mal wieder vorbei<< fand ich immer diverse Ausreden.

4. Kapitel

In dieser Zeit lernte ich auch meine, zur Grundschulzeit, beste Freundin kennen. Ich mochte sie vom ersten Schultag an. Sie war witzig und sprudelte gerade zu vor sich hin. Ein Stück Schüchternheit hatte sie auch, aber immer auf Zack und immer mit der Mode. Sie war ein wenig verrückt, ein wenig herrschend, aber ich mochte sie so, wie sie war und es kam, wie es sollte, ich verbrachte viel Zeit mit ihr und bei ihr. Ich hatte trotz allem ein recht vertrautes Verhältnis zu ihr. Die Frage, ob ich mich dort zu Hause fühlte, stellte sich irgendwann nicht mehr. Wenn ich bei ihr war, war ich zu Hause und viel freie Zeit verbrachte ich bei ihr. Vielleicht weil sie etwas anders war, als all die anderen Mädchen, so würde ich es heute betrachten. Sie war ein flottes Wesen. Sie ließ mir selten die Möglichkeit, mich vor etwas zu drücken. Obwohl sie total anders war als ich, hatte sie etwas, was mir vertraut war, ich schaute sie an und wusste, was sie dachte. Vielleicht war sie für mich so eine Art Schwester, die ich mir immer wünschte. Eines weiß ich heute genau, ich habe sie bewundert. Ihre lockere Art, wie sie Dinge einfach nur getan hat oder ohne groß darüber nachzudenken, aussprach. Genau das war es, was ich als so bewundernswert empfand. Auch wenn sie es manchmal schaffte, dass mir die Spucke im Halse stecken blieb. Jedoch gab es eines, was mir nicht so sehr gefiel: ihre zwei älteren Brüder. Ich hatte wenig mit ihnen zu tun, aber in mir diese Gewissheit zu haben, diese machen dasselbe mit ihr, wie mein Bruder mit mir, machte mich doch recht wütend. Auch war ich immer darauf vorbereitet, dass diese eventuell eines Tages auch zu mir kommen würden, um ihre sexuellen Bedürfnisse zu befriedigen. „Denn immerhin macht das ja jeder ältere Bruder", so war es mir im Gedächtnis geblieben. Obwohl ich nicht wütend darüber war, was mein Bruder mit mir veranstaltete, so war ich doch sehr empört über den Gedanken, sie würden das auch mit meiner Freundin

machen. Die Frage, ob das wirklich auch so war, wie es mir mein Bruder immer wieder versichert hatte, stellte sich mir nicht. Ich war der absoluten Überzeugung, dass das, was mir mein Bruder immer sagte, auch der Wahrheit entsprach. Seltsamerweise, obwohl es für mich doch relativ normal geworden war, sprach ich nie meine Freundin darauf an. Ich fragte sie nicht solche Dinge, wie es ihr denn dabei ergehen würde und seit wann es bei ihr so wäre. Manchmal, wenn ich sie ansah, war ich oft kurz davor, sie tatsächlich zu fragen. Mich hatte dieser Gedanke nicht mehr losgelassen und immerhin war es für mich so normal, wie das tägliche An- und Ausziehen. Allerdings vergaß ich nie, dass es nun mal von Haus aus nicht gern gesehen wurde, wenn man über Dinge sprach, die unter die Gürtellinie gingen. Also behielt ich meine Gedanken für mich, aber die Wut auf ihre Brüder blieb. Ich wollte auch nichts weiter mit ihnen zu tun haben und möglichst nicht einmal in die Situation geraten, mit ihnen allein sein zu müssen, weil ich das als eine Gefahr empfand. Eine Gefahr, ausgeliefert zu sein und mich nicht dagegen wehren zu können, was auch immer sie mit mir machen wollten. Natürlich kam es nicht zu diesen Situationen, denn wie sich später für mich herausstellte, machten das natürlich nicht alle Brüder und ebenso auch nicht diese von meiner Freundin. Es muss Jahre gedauert haben, bis ich diesen Satz verinnerlicht hatte, denn selbst heute habe ich noch immer ein gestörtes Verhältnis zu den Brüdern diverser Bekanntschaften. Auch heute drängt sich der Gedanke durch, diesen Akt, den ich mit meinem Bruder hatte, könnten sie auch erlebt haben. Die Situation vom eigenen Bruder begehrt zu werden und ihm als kleine Schwester bei zu stehen, egal, für was er einen brauchte. Ich betrachtete diese Art von „Geschwisterliebe" als selbstverständlich und natürlich. Wie ich ja immer schön gelernt hatte, machte das ja jeder ältere Bruder.
Schon nach einiger Zeit bemerkte ich, wie ich ein gestörtes Verhältnis gegenüber Männern oder Jungs entwickelte. Ich

wollte zu meinen Mitschülern keinen näheren Kontakt. Sie waren mir wider und irgendwie dachte ich immer an sexuelle Handlungen, wenn ich sie sah. Es war klar, ich hatte Dinge gesehen, die ein Mädchen in diesem Alter nicht wissen oder sehen sollte, das kann ich heute behaupten. Es ist nicht gut, einem Kind von sechs Jahren sexuelle Handlungen zu zeigen oder gar an ihm durchzuführen. Jeder Atemzug, jedes Geräusch oder auch Geruch, den ich in diesem Zusammenhang an meinem Bruder sehen und erfahren musste, zeigte sich in meinem Alltag wieder. Es ist logisch, dass kleine Kinder Witze über Sex machen, Anspielungen oder Ausdrücke verwenden, die sie einmal gehört hatten. Für sie war es normal, solche Dinge zu verwenden und sich nichts Weiteres dabei zu denken. Für mich war es jedes Mal ekelerregend. Jungs oder auch Männer machten mir Angst, bzw. ich wusste, was sie dachten und fühlten. Wie sie nackt aussahen, wie sie sich verhalten, wie sie sexuell ticken, wie sie einen Orgasmus erlebten. Dass waren Dinge die bei mir im Kopf herrschten, wenn ich einen Mann sah oder sich ein Junge vor mir auszog.

Ganz im Gegenteil zu meinem Zwillingsbruder. Ich wusste, wie er tickte und er war ein ganz anderer Mensch, als all die anderen Jungs in meiner Umgebung. Ich wusste, mein Zwillingsbruder dachte und mochte so etwas nicht, auch hatte ich nie Angst vor ihm.

Wenn es sich zum Beispiel ergab, dass sich ein Mann in meiner Nähe körperlich betätigte, wobei ich keine sexuellen Handlungen meine, schossen in mir Brechgefühle durch den Kopf, nur weil er ein wenig lauter atmete und schwitzte. Genauso wie mir immer aufgefallen war, dass Männer einen speziellen Eigengeruch hatten, das merkt man als normales Mädchen vermutlich nicht, mir ist es aber nie entgangen. Ich kann diesen Geruch nicht beschreiben, es ist ein für mich "typischer Männergeruch".

Jungs und Männer waren für mich alle gleich, sie waren mir eine sonderbare Spezies. Menschen, die man nicht wirklich brauchte auf der Welt und da ich ohne Vater aufgewachsen war, sowieso nicht. Sie waren eben da, aber gebraucht habe ich sie nicht wirklich. Wie gesagt, außer meinem Zwillingsbruder. Den brauchte ich, manchmal sogar mehr als mir lieb war. So wie ich bei Männern und Jungs das laute Atmen nicht mehr ertragen konnte, so waren mir Taschentücher ein Graus. Taschentücher hatten für mich etwas Sexuelles. Vor allem Taschentücher neben dem Bett zeigten mir, welche Handlungen hier vollzogen wurden. Heute meine ich sagen zu können, dass nicht immer Taschentücher auf sexuelle Handlungen hinweisen, denn auch ich habe an manchen Tagen Taschentücher an meinem Bett, wobei sie keinerlei Bedeutung haben. Nur die Erinnerung ist immer noch da und klar kann ich sagen, ich liebe Taschentücher nicht und habe oft den Gedanken, sie verstecken zu müssen, wenn Besuch kommt, weil es sein könnte, sie haben die gleichen Gedankengänge, wie ich. Was natürlich absoluter Schwachsinn ist, aber so kam es zu vielen Gedanken, die eigentlich kein normaler Mensch zu haben schien, so habe ich es mit den Jahren festgestellt.

Es ergab sich eine Situation, die für andere eine völlig normale Sache darstellte und für mich ein furchtbares Drama war. Wie jedes Kind zu meiner Zeit hatte auch ich ein schönes Poesiealbum, in das jeder Schulkamerad einen Eintrag machen durfte. Auch die Jungs meiner Klasse durften das, weil ich jeden Eintrag liebte, so auch die der Jungs. Viele schöne Einträge befanden sich dort, viele Gedichte, kleine Aufkleber. Manche malten schöne Bilder dazu, manche hatten keinerlei Fantasie, sie haben irgendwo einen Text abgeschrieben, ohne jegliche Eigeninitiative. Ohne bunte Verzierungen, möglicherweise lag es auch daran, wer mich leiden mochte und wer nicht. Manche waren so sehr einfallsreich, dass sie sogar Seite zuklebten, die sie zuvor mit falschen Textzeilen verziert hatten. Mann hatte mich das geärgert. Ich wollte immer wissen, was darunter stand und habe die Seite wieder auseinander gelöst, um zu lesen, was dort geschrieben war. Es hätte ja auch sein können, dass jemand eine Dummheit reingeschrieben hatte, aber so etwas kam nicht vor. Meist waren es kleine Rechtschreibfehler oder der Klassenkamerad hatte sich für ein anderes Gedicht entschieden. Mir ist so was nie in den Sinn gekommen, ich hatte immer saubere und ordentliche Einträge gemacht. Teilweise mit Bleistift vorgeschrieben und Linien gezogen, damit es auch ja korrekt und schön wurde. Diese Korrektheit hat mir immer meine Mutter beigebracht. Es war wichtig im Leben sauber und ordentlich zu sein, und wenn man sich als lebenslange Erinnerung in einem Poesiealbum verewigt, sollte es auch schön und ordentlich sein und keine Krakelei enthalten.

Nun zu meinem, ach so schlimmen, Drama, was ich heute gar nicht mehr als so schlimm empfinde. Ein Schulkamerad schrieb doch tatsächlich in eine Ecke „Bitte umklappen" und dann war unter der geknickten Ecke geschrieben:
„Ich liebe dich". Ich war wütend, sauer und empört, wie konnte er nur so etwas schreiben. „Was will der von mir, was soll das, wie soll ich reagieren, ich will das nicht". Also nahm ich einen dicken Filzstift und strich alles so dick durch, dass man nichts mehr davon lesen konnte. Keiner sollte das sehen, was er da reingeschrieben hatte und ich wollte ihn nicht mehr sehen. Ich hatte Angst vor ihm, ja er machte mir mit solchen Worten Angst. Vielleicht wollte er jetzt auch mit mir schlafen, mich küssen, vielleicht wollte er mich jetzt auch anfassen? Das waren meine damaligen Gedanken.

5. Kapitel

Später wurde er aber zu einem netten Zeitgenossen. Ich merkte, dass er nichts weiter von mir wollte und er sprach nie darüber. Ich übrigens auch nicht. Wir saßen oft auch nach dem Unterricht zusammen und rauchten heimlich in einer ruhigen Nebengasse. Ja in der Grundschule. Ich weiß heute, es mag womöglich ein wenig zu früh gewesen sein, aber ich ließ mich durch ihn verleiten, auch mein Zwillingsbruder war immer dabei. So saßen wir in der Gasse, machten gemeinsam unsere Hausaufgaben und rauchten. Immer wieder verschiedene Sorten, wir wollten alles ausprobieren, wir wollten mal jede Zigarrettensorte geraucht haben. Damals waren Zigaretten noch nicht so teuer, wie sie heute sind. Für fünf Mark bekamen wir eine Schachtel und dafür reichte mein Taschengeld aus, wobei wir uns beim Kauf auch immer abwechselten. Wir kamen uns so sehr erwachsen vor, nebenbei schrieben wir auch noch die Hausaufgaben voneinander ab, das erwies sich alles als sehr praktisch. Und in dem Alter denkt am sowieso immer, man wäre ja schon so alt und reif und hätte das Leben verstanden. Die Erwachsenen sind eh immer die Dummen und verstehen tun sie die Kinderwelt auch nicht. In diesen Momenten war meine größte Angst einfach nur erwischt zu werden, das geschah zu diesem Zeitpunkt jedoch noch nicht. Erst viel später bemerkte es meine Mutter durch einen blöden Zufall. Ich wohnte in einer sehr kleinen Ortschaft, mit vielleicht 3000 Einwohnern. Es gab genau einen Supermarkt, der sich auf der Hauptstraße befand. Dort traf man alle aus dieser Gemeinde regelmäßig wieder und es waren heitere Gespräche über den Nachbar oder die Nachbarin, welche vor einem die Waren auf das Fliesband legte. >>Hast du gesehen, was der sich wieder gekauft hat, nichts als Fertiggerichte und Bier<< oder >>die Frau Schier von nebenan, die hat vielleicht viel eingekauft. Die muss ja einen Goldesel als Mann haben<<. Ja so war es. Das war die

Ortschaft, das war die Gemeinde. Es ist ein Segen und ein Fluch in so einer Ortschaft aufzuwachsen. Man kommt nicht umher, immer jemanden zu sehen, auf den man keine Lust hat oder den man jedes Mal sieht, weil man um die gleiche Uhrzeit einkaufen geht. So kam es auch, dass die Kassiererinnen mit meiner Mutter sehr bekannt waren. Und wie es so sein sollte, schickte uns unser Schulkamerad vor, die Zigaretten an der Kasse zu bezahlen, da seine Mutter im gleichen Supermarkt bei der Bäckerei arbeitete. Gesagt, getan. Die Zigaretten wurden eingetippt, die Kassiererin schaute uns an und fragte: >>Für wen sind denn die Zigaretten? <<, >>Ach, die sind für meine Mutter, die hat uns los geschickt, ihr welche zu besorgen<<, meinte ich zu ihr. >>Achso ... <<, antwortete sie uns. Wir grinsten uns nur an und dachten: „Die ist ja blöd, hat nix bemerkt ..." Stolz erhobenen Hauptes verließen wir, mit unseren Zigaretten, den Laden und präsentierten sie unserem Mitschüler. >>Schau, die Alte war so blöd, die hat uns geglaubt, dass wir die Zigaretten für meine Mutter abholen müssen. Mann ist die blöd ... << >>Boah, cool ... dass können wir jetzt öfters so machen und müssen sie nicht immer nur am Automaten holen. Vor allem, wenn wir mal kein Kleingeld haben<<, sagte er zu uns.
Ja so war das. Gefreut und ab in die einsame Gasse, die von uns auch liebevoll "Hundegasse" genannt wurde. Wir rauchten, bis es uns vom vielen Nikotin übel wurde und wir nach getaner Arbeit, also den Hausaufgaben, uns verabschiedeten. Zu Hause angekommen begrüßte uns schon unsere Mutter: >>Na wo kommt ihr denn her? <<, fragte sie. >>Na wir waren noch bei Dirk, Hausaufgaben machen. Wie immer du weißt doch<<, sagte ich zu ihr. >>Ach ... nur komisch, dass ich von der Frau Schmidt angerufen wurde ...<<, sagte sie böse zu uns. Wir wurden ansehnlich blass und schauten uns verdutzt an. Ich dachte nur bei mir „lass es nicht wahr sein". >>Was habt ihr? Für mich Zigaretten kaufen müssen?<<, fragte sie mit

forderndem Blick. >>Weißt du, Mama, der Dirk hat uns angestiftet. Der wollte, dass wir für ihn Zigaretten holen, wir konnten nichts dafür<<, entgegnete ich ihr. >>Achso, das lasst ihr aber in Zukunft schön bleiben. Wenn ich noch mal so was höre, dann gibt es wirklich Ärger, habt ihr mich verstanden? <<, meinte sie. >>Ja, Mama ...<< stimmten wir ihr reumütig zu.

Das war ja mal ein Reinfall. Mein Bruder und ich verkrochen uns wie zwei gefasste Verbrecher und trauten uns kein Wort mehr über die Zigaretten zu verlieren. Ab diesem Zeitpunkt war unser täglicher Rauchtreff gestrichen. Es war zu gefährlich, erwischt zu werden und in so einer Ortschaft sowieso, wo jeder jeden kannte.

Das Verhältnis zu meiner Klassenlehrerin wurde nicht gerade besser. Sobald ich morgens auf den Stundenplan sah und bemerkte, wie viele Unterrichtsstunden ich wieder bei ihr hatte, wurde mir schlecht und ich fühlte mich unwohl. Kopfschmerzen, Übelkeit. Oft kam es dazu, dass meine Mutter mich entschuldigen musste, was zu beträchtlichen Fehlstunden führte. Das war nicht das Einzige. Dadurch, dass ich immer öfters im Unterricht fern blieb, hatte ich immer weniger Kontakt zu meinen Mitschülern. Ich wollte irgendwann gar nicht mehr zur Schule gehen, weil ich unter diesen Umständen keinen Spaß daran hatte und außerdem wurde es immer schwieriger dem Unterrichtsstoff zu folgen. Am Ende der vierten Klasse sollte sich entscheiden, wie es nun weiter gehen würde, welche Schule weiter für mich in Betracht kam. Bei meinem Zwillingsbruder war es keine Frage, er war gut, zwar nicht Gymnasiumtauglich, aber gut. Es wurde empfohlen, er solle die Hauptschule machen, und wenn er sich verbessern würde, könne er sich auf einer Realschule bewerben. Bei mir sah das alles nicht so gut aus. Ich hatte nur die Möglichkeit ziemlich knapp, an einer Hauptschule angenommen zu werden. Außerdem war es für meinen Bruder und mich sehr wichtig, dass wir weiterhin gemeinsam auf eine Schule gehen konnten und auch in einer

Klasse untergebracht wurden.

Meine Noten waren von 3-4 bis 5. Meine Mutter war in dieser Hinsicht nicht streng, sie versuchte mich immer zu motivieren, mich zu unterstützen, so weit es ging, aber es reichte für mich nicht. Ich war nur froh, dass ich nicht, wie manche Schulkameraden, Angst vor meiner Mutter haben musste, was diese wohl dazu sagen würde, was die Konsequenzen wären und ob ich mich überhaupt nach Hause trauen könnte. Nein, meine Mutter war in dieser Hinsicht nicht streng, nicht wenn es um die Noten ging.

Die Aktionen, die mein großer Bruder an mir verübte, waren Alltag geworden. Nicht nur wenn meine Mutter arbeiten war, auch wenn sie zu Hause war, dann wurde es heimlich gemacht. Zu diesem Zeitpunkt bemerkte ich noch keine psychische Beeinträchtigung. Klar, es gab Dinge, mit denen ich zu kämpfen hatte. Ich hatte kaum Selbstwertgefühl, mein Verhalten gegenüber Männern war verschüchtert und ängstlich. Sie widerten mich an, ich wollte nicht mit ihnen alleine sein. Das bezog sich auch auf meine Verwandtschaft. Ich hatte Angst vor meinen Onkeln. Ich sah immer sexuelle Handlungen vor mir, die sie verüben könnten. Wie sie sich verhielten und vor allem, dass sie mich anfassen könnten oder mich, wie mein Bruder, sexuell begehren könnten. Auch gegenüber meinem Cousin hatte ich diese Befürchtungen. Ich wollte nicht, dass sie mich so sehen. Ich wollte nicht, dass sie mich gedanklich ausziehen würden, ich wollte nicht, dass sie es mir ansahen. Ich war der Überzeugung, man würde es mir ansehen, was ich mit meinem Bruder machte. Ich war beschmutzt und jeder, der mir in die Augen sah, würde es sehen können und das eventuell auch an mir vollziehen wollen. Auch könnte es sein, dass mein großer Bruder damit hausieren ging, dass er es vielleicht allen erzählen würde, was ich mit ihm machte.

Meinen Zwillingsbruder sah ich als mein persönlicher Beschützer. Ohne ihn würde ich nichts schaffen, ohne ihn würde ich nicht weiter auf die Schule gehen. Ich brauchte ihn, er war die einzige Person, der ich blind vertraute. Er sprach nie mit mir über diese Aktionen, ich weiß nicht, ob er es nicht mehr mitbekommen hat oder nicht mehr mitbekommen wollte. Ein Kind kann nicht entscheiden, was richtig und was falsch ist und ich wurde so erzogen, Menschen, die älter als ich waren, nicht zu widersprechen. Vielleicht mochte es eine falsche Erziehungsweise gewesen sein, aber es war mir als Kind nicht bewusst. Meine Familie und dass, was meine Mutter mir beibrachte, war mir wichtig. Da ich ohne Vater aufwuchs, musste ich, was ich noch hatte, erhalten und schützen. Ich hätte nie etwas getan, was meiner Familie geschadet hätte, was meine Mutter oder auch meine Brüder gekränkt oder verletzt hätte. Es war mir wichtig, dass alle glücklich waren und wenn ich meinen Bruder glücklich machen könnte, dann würde ich es machen, auch wenn es mir nicht gefiel. Ich wusste, er würde böse sein, wenn ich mich ihm verweigern würde und das wollte ich nicht.

Dass ich ein gestörtes Verhältnis gegenüber Männern hatte, bemerkte ich nicht bewusst. Es entwickelte sich ganz von selbst und ich hatte diese Gefühle, seit ich gerade denken kann, also war es für mich normal. Es war sowieso für mich unvorstellbar jemals eine Beziehung mit einem Mann einzugehen, die Vorstellung machte mir Angst. Das, was mein Bruder mit mir machte und ich mit ihm, wollte ich nicht mein ganzes Leben machen.

6. Kapitel

Es hat nicht lange gedauert, bis auch mein Bruder meine Freundin kennenlernte. So wie ich Zeit bei ihr verbrachte, verbrachte sie irgendwann auch Zeit bei mir, obwohl ich das nie als eine so gute Idee hielt. Warum, das sollte ich kurze Zeit nach den ersten Besuchen erfahren.

Immer wieder, wenn sie bei mir war, merkte ich, dass etwas nicht stimmte. Mein Bruder verhielt sich ihr gegenüber in etwa wie bei mir, wenn es wieder mal an der Tagesordnung stand und er meinen Dienst forderte. Ich beobachtete mit Adleraugen, wie er sich ihr gegenüber verhielt. Er scheute nicht ihre Nähe und war sogar hellauf begeistert, wenn sie wieder zu besuch war. Er schaute sie an, wie er mich immer anschaute. „Sexuell" würde ich diesen Blick heute beschreiben. Immer wieder versuchte er sich zwischen uns zu drängen, immer präsent zu sein. Er kopierte sie, indem er Sprüche wiederholte, die nur sie sagte und meiner Meinung auch nur sie sagen durfte. Ich fand das nicht lustig, oft habe ich zu ihm gesagt, er solle nicht diesen Spruch sagen, es wäre nicht seiner und ich würde es nicht mögen. Doch gerade, weil es mir nicht gefiel, wiederholte er es dementsprechend häufiger, als er es vielleicht ohne mein Nichtmögen getan hätte. Einige Besuche und Zusammentreffen später, merkte ich, wie er Andeutungen machte. Er würde sie sehr mögen und fragte mich immer, wann sie denn wieder zu Besuch kommen würde. Es stieß mir sehr bitter auf, dass er sich in etwas drängte, was ihn nichts angehen sollte, nämlich meine Freundin. Dementsprechend reagierte ich gereizt und genervt, wenn er mich über sie ausfragte. Irgendwann sprudelte mir dann der Satz heraus: >>Das geht dich nichts an<<.

Einige Tage später, war wieder so ein Tag, an dem für mich klar war, was wieder passieren würde. Aber heute sollte ich erfahren, was die Gedanken meines Bruders waren.

Der widerliche, aber doch inzwischen allzu vertraute Akt war geschafft. Mein Bruder glücklich und ich erleichtert, dass ich es hinter mich gebracht hatte, als er zu mir sagte, dass er sich in meine Freundin verliebt hätte und so sehr darunter leiden würde, dass er sich sogar schon, mit dem Trinken von Desinfektionsmittel, umbringen wollte. Was er allerdings nicht getan hatte. Er hätte bereits die Flasche vor sich gestellt und sich aber dann doch umentschieden, es nicht zu tun. So, jetzt war es raus. Ich saß wie ein Häufchen Elend vor ihm. Meine Gedanken schossen von einem Extrem ins Nächste. Ich habe ihm nicht darauf geantwortet, vielleicht weil ich gar nicht wusste, was ich ihm darauf hätte sagen sollen. Obwohl ich es geahnt hatte, war diese Offenbarung für mich ein Fluch. Ich dachte: „Wie kann er nur so was machen, sich einfach in meine Freundin verlieben? Sie ist *meine* Freundin und nicht seine Gespielin. Nicht so jemand, den er begehren darf". Ich wusste sehr genau, was er dachte und vor allem wann er an sie dachte und genau dass wollte ich nicht. Die Idee, er könne sie gedanklich in sein Bett holen, widerte mich an. Dass erste Mal hatte ich eine enorme Wut auf ihn, auf seine Gedanken und Wünsche. Zudem bekam ich urplötzlich Angst um ihn. Immerhin gestand er mir gerade, dass er ohne sie nicht leben wollte und sogar schon kurz davor war, sich das Leben zu nehmen. Wie konnte er nur so dumm sein, warum sagte er dass zu mir, was sollte ich jetzt damit anfangen? Ich war hin- und hergerissen zwischen Wut und Angst. Obwohl ich ihn für dass, was er über meine Freundin dachte, gehasst habe, war er immer noch mein Bruder, den ich trotz allem lieb hatte.

Ab jetzt war mir klar, ich müsste meine Freundin beschützen. Beschützen vor meinem eigenen Bruder, denn wer weiß, wie weit er bei ihr gehen würde. Die Vorstellung, sie könnten wirklich ein Paar werden, war für mich absurd. Es war für mich eine komplett kranke Idee. Doch trotz allem, musste ich besonders auf sie und ihn aufpassen. Jeglicher körperliche Kontakt, der zwischen den beiden entstehen könnte, musste ich verhindern und durfte ich auf keinen Fall zulassen.

Niemals würde ich es dulden, dass er sie anfassen würde, niemals!

Nun stellte sich für mich die Frage, wie ich es schaffen würde, mit ihr befreundet zu sein und den Kontakt zwischen ihr und meinem Bruder zu verhindern, ohne das meine Freundschaft darunter leiden könnte. Das war nicht einfach, wenn nicht sogar unmöglich. Es ließ sich nicht verhindern. Aber meine Beobachtungsgabe war gut, sehr gut und er konnte ihr nicht zu Nahe kommen, wenn ich dabei war.

Es war für mich zu einer regelrechten Aufgabe geworden, meine Freundin vor ihm zu schützen und zu verhindern, was verhindert werden musste. Gegen seine Gedanken konnte ich nichts machen, aber es war mir dennoch bewusst, dass nicht alle Gedanken gleich zur Realität werden. Ich hoffte es zumindest.

7. Kapitel

Mein Bruder hatte eine Idee, einen Einfall, den er zuerst mit meiner Mutter absprechen musste. Wir hatten eine Art Kellerraum, welcher für diverse Ansammlungen diente und vorzugsweise als Abstellkammer genutzt wurde. Ein Chaos war noch nett ausgedrückt, im Vergleich zu dem, wie es dort ausgesehen hatte. Eine absolute Rumpelkammer, alles gestapelt und durcheinander. Das Betreten ging nur auf eigene Gefahr und stellte sich oftmals als unmöglich dar, denn weit ist man dort nicht gekommen. Einmal Tür auf, reinschauen und am besten wieder gehen. Außerdem hatten sich Spinnen schon wohnlich eingerichtet und die waren nicht gerade meine Freunde. Nicht die kleinen süßen Spinnentiere, sondern die großen schwarzen Spinnen, waren die, die ich nicht unbedingt leiden mochte.
Nun zu der Idee meines Bruders. Er wollte daraus eine Art Wohnzimmer gestalten, mit Couch, auf der man es sich gemütlich machen konnte und Lampen, um Licht in den dunklen Raum zu bekommen. Meine Mutter hatte nichts dagegen, immerhin war es nicht ihre Aufgabe und sie meinte: >>Wenn du es machen willst, mach es <<. Gesagt, getan. Ich weiß bis heute nicht, wo er den ganzen Plunder untergebracht hatte, der zuvor in dem Keller stand, aber irgendwann war dieser Raum, zwar immer noch gruselig, aber doch recht nett eingerichtet. Eine alte Couch in der Ecke, Tischleuchte und ein Tisch. Lange hat man es allerdings nicht dort ausgehalten, es war sehr kalt, denn eine Heizung befand sich dort natürlich nicht. Am Anfang als sehr witzige Idee betrachtet, stellte ich später fest, dass dieser Raum etwas war, wovor ich Angst bekam, aber dazu später. Von Zeit zu Zeit gesellten wir uns in den Raum, um gemeinsame Spiele zu machen, normale Spiele. *Kniffel, Monopoly, Mensch ärgere dich nicht* und viele verschieden Kartenspiele.
Das machte mir recht Spaß, obwohl dieser Raum wirklich

nicht einem wohnlichen Ambiente entsprach. Außerdem begegnete mir immer mal wieder einer meiner besonderen Feinde: Eine große, schwarze Spinne, iiiiih.

Trotz dieser verhassten Begegnungen, mit den besonders ekelhaften Spinnentieren zog es uns ab und zu zusammen, um ein wenig Zeit als Geschwister miteinander verbringen zu können. Davon war ich nicht gerade abgeneigt. Ich war und bin auch heute noch ein totaler Familienmensch, ich sitze gerne mit meiner Familie zusammen und freue mich über gemeinsame Stunden, so wie es damals auch schon war. Meine Mutter gesellte sich in diesem Kellerraum nie zu uns, vielleicht weil es sie genau so gruselte, wie mich, auch wenn sie das nie gesagt hatte. Außerdem hatte sie, auch ohne uns, immer Beschäftigung und war vielleicht sogar ein wenig erfreut darüber, dass wir ein neues Hobby gefunden hatten. Wobei auch die verrückte Tigerbande einmal ruhig wurde.

Eines Morgens, es war der Morgen, an dem meine Mutter wieder zur Arbeit musste, wollte ich nicht mehr zulassen, was heute wieder passieren sollte. Draußen war es noch dunkel, während ich mich zu meiner Mutter in die Küche schlich. >>Mama, ich möchte nicht, dass du heute arbeiten gehst<< erklärte ich meiner Mutter mit zittriger Stimme. Ich hoffte sehr, dass sie mir nicht anmerken würde, wie ernst ich diese Aussage meinte. >>Warum soll ich nicht gehen?<< Fragte sie mich mit großen Augen. >>Ich werde immer geärgert, wenn du weg bist <<, sagte ich ihr. (Unter Ärgern verstand ich dass, was mein großer Bruder immer von mir verlangte). >>Wenn dich jemand ärgert, bekommt er von mir Ärger, ich muss jetzt aber arbeiten gehen<<, sagte sie. Damit war das Gespräch beendet, ich wollte und konnte meiner Mutter nichts Näheres sagen, das war alles, was mir über die Lippen kam und ich war nicht gerade erleichtert durch das, was sie mir gerade sagte. Was sollte ich damit anfangen, was sollte ich denn dagegen tun, wie könne ich es denn verhindern? Das alles waren Fragen, mit denen ich mir als Kind den Kopf zerbrochen hatte. Natürlich war mir klar, dass es meine

Mutter nicht dulden würde, wenn mein älterer Bruder mich „ärgerte", aber dieser Begriff war relativ. Man konnte ihn für alles benutzen, nicht aber für dass, was er mit mir tat und wovon ich wusste, dass es an dem Tag wieder dazu kommen würde. Ich hatte wirklich die Hoffnung, dass meine Mutter einfach zu Hause bleiben würde, wenn ich ihr sage, dass sie nicht gehen solle. Aber nachdem das Gespräch so zu Ende ging, wollte ich auch nicht näher darauf eingehen. Ich schluckte den dicken Kloß herunter und versuchte mich zusammenzureißen, um nicht losheulen zu müssen. Es war für mich unbegreiflich, warum mich meine Mutter nicht verstehen wollte. Meine Traurigkeit mischte sich mit Wut. Ich war hilflos, allein und konnte nicht sagen, was los war. Warum nur wollte sie mich nicht verstehen, wie konnte sie jetzt nur zur Arbeit gehen, obwohl es mir nicht gut ginge. Dieses Nicht-Gut-Gehen war mir nicht anzusehen, ich hatte kein Fieber, keine Schmerzen und Übel war mir auch nicht, jedenfalls nicht, weil ich krank war. Es war ein lediglich flaues Gefühl in der Magengegend, was man verspürt, wenn man weiß, dass etwas Unangenehmes anstehen würde und wie man als Kind so reagiert, wenn einem die Mutter etwas abschlägt, was man gerne hätte. In dem Moment wünschte ich mir nichts sehnlicher als die Anwesenheit meiner Mutter. >>Geh wieder ins Bett und schlaf, ich muss auch gleich gehen<<, sagte sie zu mir und ging in Richtung Bad. Es war mir klar, dass ich an der Situation nichts mehr ändern konnte und beschloss, mit diesem mulmigen Gefühl im Bauch, wieder ins Bett zu gehen. Bevor ich die Augen schloss, sagte ich mir leise: >>Wenn er heute wieder kommt, mach ich so, als würde ich schlafen, dann muss er mich liegen lassen<<. Jetzt, vor allem nach dem, was er mir über meine Freundin gesagt hatte, wollte ich ihm diesen widerlichen Gefallen nicht mehr tun. Irgendwie war ich sauer auf ihn. Sauer, dass er so was gegenüber meiner Freundin empfand und die Gedanken, die er sich machte, vielleicht noch, während ich ihm seine Gelüste befriedigen musste. Das schreckte mich ab, ich wollte das nicht mehr für ihn tun, nie mehr, auf keinen Fall, absolut nicht, nimmer, nie und nimmer. Der Kloß in meinem Hals wollte nicht verschwinden, ich versuchte mich irgendwie zum Schlafen zu bringen, was ich aber nicht schaffte.

Es dauerte nicht lange bis ich hörte, wie er zur Zimmertür rein kam. Ich kniff fest die Augen zu, versuchte ganz ruhig zu atmen und mir nichts anmerken zu lassen, ich wollte ihm zeigen, dass ich ganz tief schlafe. Er stupste mich an der Schulter, zwickte mich an der Wange, flüsterte mir ins Ohr: >>Komm, aufstehen<<. Ich reagierte nicht. Es kostete mich alle Mühe, nicht die Augen aufzumachen, wahrscheinlich hatte er es mir angesehen, dass ich nicht schlief, weil ich mich so sehr verkrampfte. Er ging mit seiner Hand unter die Bettdecke, streichelte meinen Rücken, meine Beine, meine Oberschenkel, ich reagierte nicht. Er deckte mich auf, komplett, streichelte mich weiter und flüsterte mir immer wieder das Gleiche ins Ohr: >>Komm, aufstehen<<. Ich aber wollte nicht, absolut nicht, nicht mehr, nie wieder, niemals mehr, never. Er wollte nicht locker lassen. Er hatte aber auch irgendwann keine Geduld mehr. Er umpackte mich, um mich auf seinen Arm zu nehmen und trug mich in sein Zimmer, um mich dort auf sein Bett zu legen. Jetzt war mir klar, mein Plan hat nichts gebracht, ich konnte mich ihm nicht widersetzen. Ich konnte nicht davon loskommen, indem ich mich nur schlafen stellte. Ich war verärgert, was ich ihm auch zeigte. Ich schaute ihn grimmig an und meinte zu ihm: >>Warum weckst du mich, ich bin müde, ich will nicht<<. Er versuchte mir zu erklären, dass er es doch so gerne hätte, wenn ich ihm ein wenig Zärtlichkeit entgegenbringen würde. Schließlich wäre die Mama nicht da und die Zeit müssten wir doch ausnutzen und dürften sie nicht so verstreichen lassen. Also akzeptierte ich mein Schicksal und tat, was er mochte, wie er es immer mochte, des Friedens wegen.

Danach hasste ich mich. Ich war wütend auf mich und auf

ihn. Warum hatte ich das nur wieder getan? Warum hatte
mein Plan nicht funktioniert? Warum hatte ich mich nicht
durchgesetzt? Er wäre vielleicht sauer gewesen, aber was
hätte er schon getan? "OK, dann ist er wütend auf mich, das
möchte ich nicht, er würde mich bestrafen, das möchte ich
nicht", dachte ich. Ich musste damit leben, irgendwie. Ich
konnte dagegen nichts machen. Ich hatte es einmal
angefangen, jetzt musste ich es auch weiterhin machen, so
war mein Denken, so war mein Gefühl. Hin- und hergerissen
zwischen Moral, Selbstzweifel, Wut, Angst, Hass, Mitleid und
Liebe.

8. Kapitel

Mein Bruder hatte eines Tages eine wundervolle Idee:
>>Wie wäre es mal mit Zelten … Bei uns im Garten? <<.
Tolle Idee dachten mein Zwillingsbruder und ich, dass macht
bestimmt einen heiden Spaß.
Wir verbrachten den ganzen Nachmittag damit, unser Zelt
aufzubauen. Mein großer Bruder hatte es neu gekauft und
meine Mutter hatte auch nichts dagegen. Der Garten befand
sich direkt neben der Wohnung. Er fing an, wo unser Balkon
endete und war ein ziemlich großes Grünstück, indem ich die
Pflanzen, meist Wildblumen, liebte.
Die Anleitung in der Hand meines großen Bruders und ich
tat, was er wollte. Wie immer eigentlich, aber ich freute mich
sehr, das war aufregend und was Neues und spannend war es
allemal.
>>Nimm die Stange „A" und steck sie in Stange „B" …<<
so unterrichtete mich mein Bruder. >>Dann stecke die
Heringe in den Boden …<<.
>>Was zum Teufel meinst du mit Heringen? <<,
<<na die Dinger, die in den Boden müssen, damit das Zelt
auch einen Halt hat<<.
<<Ahso, witzig, die heißen wie Fische, wie kommt denn
das? <<
>> Das weiß ich auch nicht, mach weiter …<<.
Man mochte es kaum für möglich halten, doch nach
ungefähr einer Stunde stand unser Zelt. Es war nicht gerade
groß, es reichte genau für zwei Personen, welche auch nicht
besonders groß sein durften, da sonst die Füße den
Zeltausgang verließen.
Stolz wie „Oskar" stand ich vor unserem ersten, eigenen
Zelt. Meine Freude darüber konnte ich kaum verbergen.
Gleich rannte ich zu meiner Mutter, um ihr begeistert von
unserem Werk zu berichten. >>Komm Mama, dass musst
du dir ansehen … unser Zelt … es steht …<<,
>>Ach, habt ihr es endlich geschafft … ist recht, ich komm

…<<.

Ich stürzte wieder raus auf den Balkon und bog in Richtung Garten ab, meine Mutter folgte mir. Nun standen wir zu dritt vor dem aufgebauten Zelt.

>>Gut habt ihr das gemacht<<, meinte meine Mutter, >>und da wollt ihr wirklich übernachten? <<

>>Na klar<<, antwortete ich. >> Da kommen noch die Isomatten und die Schlafsäcke rein<<, sagte mein Bruder.

>>Na dann … aber die Balkontür mache ich über Nacht zu, also seid euch auch sicher, wenn ihr da schlafen wollt, ich mach die Tür nachts nicht auf<< sagte meine Mutter streng.

Ich freute mich wie ein Schnitzel. Abenteuer sind doch schon was Tolles, vor allem, wenn man nicht weiß, was einen erwartet. Mein Zwillingsbruder war für das ganze „Zeltgetue" nicht zu haben. >>Das möchte ich nicht, da ist es kalt und nachts kommen Tiere<<. Um ehrlich zu sein, für drei Personen hätte das Zelt eh nicht gereicht. Ob das auch so geplant war von meinem Bruder weiß ich nicht, könnte man aber fast schon vermuten. Immerhin hatte er fast nie etwas unüberlegt getan.

Bis es dann Abend wurde, dauerte es noch ein wenig. Mein Bruder machte derweilen eine „gemütliche Ecke" aus unserem Zelt. Isomatten, Schlafsäcke, Chips, Schokolade und was zum Trinken, vorzugsweise Orangenlimonade. Wir beschlossen, dass wir nach dem Abendbrot, uns in das Zelt verkriechen würden. Zu der Zeit war es noch ein wenig länger hell, welche Jahreszeit es genau war, kann ich nicht sagen, aber es wird auch nicht zu kalt gewesen sein, daran könnte ich mich sonst erinnern. Vermutlich ein später Sommertag, an denen die Abende nicht heiß aber auch nicht zu kalt sind.

>> Kommt zum Essen<<, rief meine Mutter. Wie fast immer abends gab es Brote mit Butter, Wurst, Käse und hartgekochten Eiern. Ich hatte eine besondere Begabung, meinen Platz immer wie in einem „Saustall" zu hinterlassen. Ich mochte die Kruste vom Brot nicht, also ließ ich sie übrig,

außerdem waren die Schalen, der Eier, auf meinem ganzen Platz verteilt. Meine Mutter nutzte das gerne, um ein Bild davon zu machen. Wenn man sich das heute anschaut, sorgt es für absolute Erheiterung.

Um ehrlich zu sein, hatte ich an diesem Abend nicht wirklich Hunger. Ich war so nervös, wegen unserem geplanten Zelten, dass ich das Essen einfach schnell hinter mich bringen wollte, um so schnell wie möglich im Zelt zu verschwinden. Als wir alle gegessen hatten, hielt mich nichts mehr in der Wohnung. >>Gehen wir jetzt endlich zelten? <<, fragte ich meinen Bruder. >>Ja geh schon mal vor, ich komm dann nach …<<

Ich flitzte los und begann es mir im Zelt gemütlich zu machen. Da es noch nicht kalt war, legte ich mich auf den Schlafsack. Lange dauerte es nicht, bis auch mein Bruder zu mir kam. Eigentlich fing alles sehr schön an. Wir redeten über alles Mögliche. Oft wollte er mit mir über meine Freundin sprechen, doch da dieses Thema in mir Unbehagen auslöste, ging ich nicht darauf ein.

Als es dann dämmerte, machte mein Bruder die Taschenlampe an, die er sich bereitgelegt hatte. Um ehrlich zu sein, kam so langsam Langeweile bei mir auf. Ich war mir nicht mehr sicher, die ganze Nacht in dem Zelt verbringen zu wollen, ich wusste mich nicht mehr zu beschäftigen. Ich teilte meinem Bruder meine Gedanken mit. Mit aller Macht versuchte er mich aber zu überreden, wenigstens diese eine Nacht auszuhalten. Immerhin wäre es ja schon dunkel, man könne bald schlafen und morgen früh würde er zum Bäcker gehen, um Brötchen zu holen. Dann könnten wir ja wieder in die Wohnung.

>>Ich hab eine Idee, wie wir es uns schön machen können, komm zu mir in den Schlafsack, dann wird es uns auch warm<<, sagte mein Bruder zu mir, mit einem mir doch inzwischen bekannten Lächeln. >> Ach ich weiß nicht, eigentlich ist mir nicht kalt<<, meinte ich zu ihm. Mir war in diesem Moment klar geworden, in was für einer Situation ich

mich doch nun wieder gebracht hatte. Ohne zu überlegen rauschte ich in eine Situation, aus der ich mich nicht mehr befreien konnte. Nicht nur, dass ich wusste, was er denn wollte, sondern es kam auch noch dazu, dass es sich in voller Öffentlichkeit abspielen sollte. Trotz Zelt hatte ich die Befürchtung, man könne uns sehen. Wie eben immer wollte er, dass ich ihn anfasse. >>Du weißt doch, dass ich dich liebe und ich mag es so gern, wenn du ihn anfasst<<, meinte er zu mir. Es war so ein schöner Tag, was wäre, wenn ich mich jetzt verweigern würde? Wäre er wütend mit mir? Würde er es bereuen, dass er sich dazu entschloss, mit mir zu zelten? Was sollte ich meiner Mutter sagen, wenn ich einfach wieder in die Wohnung möchte. Sie würde bestimmt sagen, dass sie es geahnt hatte.

Irgendwie wurde mir bewusst, dass ich auch dieses Mal nicht aus der Situation herauskommen würde, also tat ich, was er von mir wollte. Diesmal wollte er aber etwas „Neues" ausprobieren.

>>Leg dich auf mich drauf, nimm ihn zwischen die Beine und bewege dich hoch und runter<<. Ich sträubte mich zwar etwas, aber ich tat trotzdem, was er von mir wollte. Vermutlich sollte es dem „normalen" Sex ähnlich werden, aber wie man auf solche Ideen kommt, ist mir ein Rätsel.

Ich bekam das dumme Gefühl nicht weg, dass man uns von außen sehen konnte. Seltsamerweise hatte ich nicht das Gefühl, dass mein Bruder einen Fehler machte, sondern, dass ich die Sexgierige war. Wenn man uns so sehen würde, würde man denken, dass die Frau die Schuldige ist. Immerhin liege ich auf ihm und nicht er auf mir. Deutlicher geht es nicht, dachte ich mir. Während ich in meinen Gedanken versank, hatte er reinstes Vergnügen. Es war vorbei, ich war froh und entschloss, dass es Zeit wäre zu schlafen. Obwohl ich das erste Mal gezeltet hatte, konnte ich sehr gut schlafen. Als es gegen Morgen heller wurde, wachte ich allerdings sehr schnell auf. Ich wollte diese Situation irgendwie schnell auflösen und kroch aus dem Zelt heraus. Auch mein Bruder wachte auf. >>Ich geh Brötchen holen<<, sagte er zu mir. Irgendwie fühlte ich mich nicht gut, mir war übel, ich war müde und hatte das Gefühl, einen schlechten Traum gehabt zu haben. Ich wollte nicht mehr in dieses Zelt, ich wollte in die Wohnung, ich wollte zu meiner Mutter, ich wollte „nach Hause". Ich setzte mich vor die Balkontür, wo der Rollo noch unten war und wartete darauf, dass meine Mutter aufstehen würde, um mich hereinzulassen.

Ich wusste ungefähr, dass es von der Zeit hinkommen müsste, dass es also nicht lange dauern würde, bis sie auch wach sein würde.

Lange musste ich nicht warten. >>Ach, guten Morgen, seid ihr schon wach? <<, fragte sie erschrocken, als sie mich vor der Balkontür sitzen sah. >>Ja schon etwas, aber ich will jetzt rein, es war nicht so schön<<, antwortete ich ihr. >>Wo ist denn dein Bruder hin? Schläft der noch?<<, fragte sie. >>Ne, der hat gesagt, er holt beim Bäcker Brötchen<<, meinte ich zu ihr. >>Ah gute Idee. Dann komm rein Kind<<, sagte sie.

Das war meine erste Zelterfahrung. Von ihm geplant und bewusst überlegt. Er hatte meine kindliche und doch immer noch naive Freude benutzt. Ich war enttäuscht, sehr enttäuscht.

Wie ich es mir dachte, hatte er aber große Freude an unserer gemeinsamen Zeltnacht und fragte mich diverse Male, ob wir es nicht wiederholen sollten. Ich muss sagen, für mich war die Zeltzeit vorbei. Ich wollte nicht mehr, es reichte mir schon aus, wenn ich das Zelt oder den Schlafsack in der Ecke liegen sah, es würgte mich.

Zu meiner Freundin hatte ich weiterhin ein gutes und intensives Verhältnis, allerdings hatte sich etwas verändert. Ich wollte nicht mehr, dass sie zu mir nach Hause kam. Wenn wir uns trafen, dann bei ihr. Ich wollte meinem Bruder diesen Gefallen nicht mehr tun, sie war *meine* Freundin und das sollte sie auch bleiben. Die Gefahr, er könne sie anfassen oder sich sexuelle Fantasien mit ihr vorstellen, hielten mich ab, sie noch einmal mit zu mir zu nehmen.

9. Kapitel

In dem Alter zwischen 6 und 10 waren mein Zwillingsbruder und ich sehr oft bei meiner Oma und meinem Opa. Vorzugsweise nach der Schule. Sie übernahm die Hausaufgabenkontrolle und bekochte uns leidenschaftlich gerne. Ich hatte immer ein intensiveres Verhältnis zu meiner Oma, als zu meinem Opa. Vermutlich, weil ich auch ihn sexuell betrachtete. Er hatte nie irgendwelche Andeutungen gemacht, was dazu hätte führen können, dass ich ihn so sah, wie sexuell geschaut oder mich unsittlich berührt. Doch die Angst, er könne das auch tun, hielt mich ein wenig fern von ihm. Er war ein sehr netter Mensch und er liebte seine Katze. Egal wann ich dort war, sie saß immer auf Opas Schoß und ließ sich kraulen. Zu der Zeit waren mir Katzen und auch Hunde nicht gerade geheuer. Oft meinte mein Opa zu mir: >>Komm, gib ihm ein „Leckerli", das mag er gern<<. Lustigerweise gab ich es ihm nicht, sondern warf es ihm vors Maul. Wir selbst hatten zu Hause nur Wellensittiche, mal starben sie, dann holten wir einen Neuen. Doch auch mit den Vögeln hatte ich nichts weiter zu tun, sie waren da, mir aber egal. Wenn mir ein Hund zu Nahe kam, fing ich an zu heulen und versteckte mich hinter einem Auto. Auch wenn die Besitzer meinten: >>Der tut doch nichts<<, wollte ich es nicht glauben. Vielleicht lag es auch daran, dass meine Mutter mir mal erzählte, sie sei von einem Hund in die Wade gebissen worden. Ich hatte Angst, gebissen zu werden. Meine Oma war die Beste, so empfand ich es als Kind. Und am allerbesten waren ihre Techniken uns bei den Schulaufgaben zu helfen. Sie gab uns einen Taschenrechner, um die Matheaufgaben zu lösen. Pure Freude kann ich sagen. Tolle Erfindung so ein Taschenrechner, aber nicht sinnvoll um Mathe zu lernen. Das sollte ich auch später bereuen, aber ich war viel schneller fertig mit den Aufgaben und was ich nicht wollte oder konnte, schrieb ich von meinem Zwillingsbruder ab. Während wir am Küchentisch saßen und uns mit den Aufgaben beschäftigen mussten, fiel es uns immer sehr schwer bei der Sache zu bleiben. Oftmals schnitten wir Grimassen oder lachten einfach über dies und das. Meine Oma war zwar eine für mich liebevolle Frau, aber streng und sie mochte es überhaupt nicht, wenn wir nur Unfug im Kopf hatten. Also dachte sie sich, wenn sie sich zwischen uns setzen würde, wären wir anständig, aber so einfach waren wir nicht. Meine Oma schaute zu meinem Bruder, während er mich anschaute und ich ihm die Zunge rausstreckte. Dummerweise blickte genau in diesem Moment meine Oma zu mir. >>Was gibt denn das<<, fragte sie entsetzt. >>Das war nicht für dich gedacht<<, meinte ich zu ihr und nun hatten wir noch mehr Grund, um zu lachen. Keine Ahnung, ob meine Oma es lustig oder mühsam fand uns zu betreuen, aber ich liebte es mit meinem Bruder Quatsch zu machen und wir ergänzten uns in dieser Hinsicht perfekt. Auch fand ich es immer ziemlich lustig die Suppe aus dem Teller zu trinken, während sich meine Oma einmal umdrehte und wenn sie wieder herschaute, nahm ich brav den Löffel.

Meine Mutter holte uns gegen Nachmittag immer von meiner Oma ab. Sie hatten ein kühles Verhältnis, was mir aber als Kind nie wirklich bewusst aufgefallen war, bzw. ich konnte damit nichts anfangen. Ich liebte es bei meiner Oma zu sein, im Gegensatz zu meinem Zwillingsbruder. Oft habe ich am Wochenende oder in den Ferien bei ihr geschlafen, kann mich nicht erinnern, dass dies mein Zwillingsbruder jemals getan hatte. Ich denke er war einfach mehr auf meine Mutter fixiert. Immer wenn ich bei meiner Oma übernachtet habe, waren es wundervolle Erlebnisse. Wir machten nicht viel, aber was wir machten, hatte immer Hand und Fuß, was soviel heißen soll wie, es hatte große Bedeutung für mich. Oma saß immer in der Küche, mein Opa im Wohnzimmer und schaute Tennis. Immer wieder, bis in die Nacht, immer Tennis. Meine Oma hatte auch einen Fernseher, einen Kleinen in der Küche. Es war ihr Reich und Opa hatte seines im Wohnzimmer. Sie hatten nicht wirklich viel miteinander zu tun, aber die Rollen waren klar. Oma kochte, Opa saugte. Oma war im Garten, Opa im Keller und sägte. Meine Oma war eine sehr religiöse Frau. Überall in der Wohnung waren Kreuze und Marienbilder. Sie war sehr von ihrem Glauben überzeugt und wollte auch mich zu einem gläubigen Kind erziehen. Sie hatte mir Gebete beigebracht, und immer wenn ich bei ihr war, gingen wir früh morgens in den Gottesdienst. Sie lehrte mir den Rosenkranz und was ich machen sollte, wenn es mir oder jemand anderem schlecht ging. Beten war für sie sehr wichtig, jeden Abend, jeden Morgen und in der Kirche.

Ich ließ mich gerne darauf ein und war sehr interessiert, an dem, was sie mir beibrachte. Irgendwann konnte ich jedes Gebet auswendig, auch der Rosenkranz war für mich normal geworden. Ich hatte angefangen an Gott zu glauben und war der festen Überzeugung, dass meine Gebete einen tiefen Sinn haben würden. Mein Opa war mit so etwas nicht unbedingt zu haben. Er ging nicht mit in den Gottesdienst und hatte, soviel ich weiß, auch keinen Rosenkranz.

Jeden Abend, wenn ich mit meiner Oma zu Bett ging, fing sie an zu beten. Immer fragte ich sie:

>>Was betest du? <<

>>Ich bete für euch, meine Enkelkinder, dass ihr gesund bleibt und dass keinem etwas Böses zutrifft<<. Es hat mich beeindruckt. Diese Überzeugung und die Gewissheit, es gäbe jemanden, dem man alles erzählen konnte und der nur Gutes mochte.

Während ich in ihrem Bett wegdämmerte, hörte ich immer noch dem Fernseher zu, der im Wohnzimmer lief. Mein Opa schaute lange Fernsehen und kam irgendwann leise ins Bett. In diesen Momenten schoss es mir immer wieder in den Kopf: „Ob die Beiden auch Sex haben …"

Ich schämte mich für diese Gedanken, aber sie kamen, ohne dass ich es wollte. Dieses Thema beherrschte mein Leben. Ob das Normal ist und jeder tut, weiß ich nicht. Ich denke, ich habe immer sehr viel sexualisiert und mich viel zu oft mit diesem Thema auseinandergesetzt. Mir passte dieser Gedanke überhaupt nicht. Als Kind dachte ich dann so bei mir: „Fünf Mal hatten sie Sex, weil sie haben ja fünf Kinder …" Was für eine Idee. Heute finde ich es schon fast wieder witzig, dass man so denken kann, aber irgendwie hat es mich beruhigt. Sie hatten ja nur fünf Mal Sex und das ist OK. Und außerdem lange her.

Wenn ich die Tage bei meiner Oma verbrachte, hatten wir immer jede Menge Dinge zu erledigen. Sie hatte viele Hobbys und ich begleitete sie sehr gern. Lange Zeit verkaufte sie Kosmetikprodukte. Cremes, Make-up, Parfüm und so. Es war ihre große Leidenschaft und außerdem war sie selbst eine sehr gepflegte und auf ihr Äußerliches bedachte Frau. Sie cremte, pflegte und zog sich auch immer adrett an. Ein Raum in ihrem Haus war voller Kosmetika. Soviel, dass man es sich kaum vorstellen kann. Es roch wunderbar in diesem Zimmer. Dort lagerte sie ihre ganzen Produktproben, die sie immer mal herschenkte, um Werbung zu machen.

Ich liebte diesen Raum. Ich sah mir immer alles genau an und wollte wissen, für was das Eine oder das Andere war. Wie gerne hätte ich mich dort einmal ausgetobt und alles ausprobiert, aber meine Oma war da sehr eigen. Nur sehr selten durfte ich mir etwas aussuchen. Ein wahrer Mädchentraum, wie gerne hätte ich in diesem Raum gewohnt.

Immer wenn ich bei ihr war, besuchten wir *Kundschaft*, wie sie es nannte. Brachten die bestellten Kosmetikartikel, unterhielten uns und gingen wieder. Sie war bekannt in der Ortschaft, auch wenn zu ihrer Kundschaft eher die ältere Generation zählte.

Wenn meine Oma einen besonders guten Tag hatte, lackierte sie mir immer einen Fingernagel. Dazu durfte ich mir eine Farbe aussuchen. Sie bestand jedoch darauf, dass es nur ein Nagel war.

Wenn Badetag war, setzte ich mich mit den nassen Haaren in

die Küche und sie föhnte sie mir ganz zärtlich und ordentlich. Ich genoss es total, im Mittelpunkt zu stehen und ein intensives Verhältnis zu ihr zu haben. Ich fühlte mich besonders. Wenn ich Kopfschmerzen hatte, was ab und zu vorkam, massierte sie mir den Nacken. Zart und vorsichtig. Als Dankeschön tat ich das auch bei ihr. Sie meinte immer zu mir: >>Du kannst doch mal Masseuse werden<<, aber dafür war ich noch zu jung, um mir darüber Gedanken zu machen. Der Garten meiner Oma war riesig. Sie grub und erntete, wann immer sie Zeit hatte und das Wetter gut war. Rosen, Nelken, Tulpen, Kartoffeln, Tomaten, Gurken, Zucchini, alles, was man sich vorstellen kann, hatte sie dort. Zu all dem hatte sie noch ein Gewächshaus und ein Stück, indem Kakteen gepflanzt waren. Oftmals schaute ich ihr stundenlang einfach nur zu, wie sie die Schnecken um ihre Kakteen herum zerschnitt. Heute würde mich das ekeln, aber damals war es für mich normal, immerhin wollten die ja Omas Blumen zerstören. Ihr kleines, scharfes Messer steckte immer in der Erde, und wenn eine Schnecke zu sehen war, schnitt sie sie einfach in der Mitte durch.

Meine Mutter hatte, im Gegensatz zu meiner Oma, nur ein festes Hobby, sie sang in einem Kirchenchor, und zwar immer Donnerstagabend. Obwohl ich immer schon wusste, dass ich meine Mutter dann für ein, zwei Stunden nicht sehen würde, freute ich mich, dass meine Oma vorbei kam. Sie übernahm unsere Betreuung und brachte uns zu Bett. Natürlich nicht, ohne vorher mit uns ein Gebet zu sprechen. Irgendwie muss ich sagen, dass ich zu meiner Mutter nie so ein Verhältnis entwickeln konnte. Vielleicht mag es daran liegen, dass Omas immer alles bei ihren Enkeln wieder gut machen wollen, was sie in der eigenen Erziehung der Kinder versäumt haben. Meine Mutter war nicht immer gut auf meine Oma zu sprechen.

Es kam auch des Öfteren dazu, dass meine Mutter mich und meinen Zwillingsbruder schlug. Ob sie es auch bei meinem großen Bruder getan hat, weiß ich nicht, habe ich nicht bewusst erlebt und wir haben nie darüber gesprochen. Meine Mutter schlug uns selten mit der Hand, sie benutzte dazu einen Kochlöffel, den sie uns auf den Po schlug. Ich bin mir sicher, dass es nicht Böse war und sie sich manchmal nicht anders zu helfen wusste, aber es hat das Vertrauen zu meiner Mutter zerstört und ich hatte Angst vor ihr. Nicht den Respekt, den sie sich immer gewünscht hatte, sondern Angst. An eine Situation kann ich mich noch besonders gut erinnern, obwohl sie mich da nicht geschlagen hat, hat sie mir unsagbar Angst gemacht und das ist eine besonders intensive Erinnerung.

Oft war sie mit der Erziehung von uns Wilden überfordert. Immerhin rechnet man nicht damit, wenn man schwanger ist, dass auf einmal zwei geschlüpft kommen. Diese Verzweiflung, die ich ihr ansah, hatte sie oftmals nach der Arbeit. Irgendetwas musste ich getan haben, was sie sehr überfordert hatte. Vielleicht war ich auch einfach nur zu sehr Kind in diesem Moment. Sie griff zum Telefonbuch und sagte: >> Mir reicht es mit euch, ich ruf das Jugendamt an, die holen euch und bringen euch in ein Heim<<. Es sah so aus, als meinte sie es wirklich ernst. Ich rannte in mein Zimmer, warf mich auf mein Bett und schrie und heulte so laut ich nur konnte. Ich hoffte, sie würde zu mir kommen und mir sagen, dass es nicht ernst gemeint war und mich beruhigen würde. Ich weiß nicht, wie lange ich warten und heulen musste, eine Stunde war es mit Sicherheit. Ich war müde, erschöpft und heiser. >>Ich will nicht gehen<<, sagte ich zu ihr. >>Warum meinst du, du müsstest gehen. Jetzt hör auf zu schreien. << Hatte das mich beruhigt? Ich weiß es nicht. Ich musste nicht weg, das war alles, was ich wissen wollte. Ich wollte keinen Ärger machen, ich wollte nur geliebt werden.

10. Kapitel

Wie bereits erwähnt, hatte sich mein Bruder, den Kellerraum, als eine Art Wohnzimmer hergerichtet. Was ich bis dahin aber noch nicht wusste, wurde der Raum später als Rückzugsmöglichkeit genutzt, um meinem Bruder noch mehr Freiheit zu geben, indem was er gerne mit seiner Schwester machte.

Bisher hatte ich keine schlimmen Erinnerungen, was diesen Raum betraf. Immerhin hatten wir dort, mein Zwillingsbruder, mein großer Bruder und ich, oft Spiele gemacht. Trotz allem blieb es ein dunkler und abgeschiedener Raum, der, meiner Meinung nach, keinem Wohlbehagen brachte. Wie sich mein Zwillingsbruder dort gefühlt hat, weiß ich nicht, aber ich nehme einfach einmal an, dass er ihn auch nicht sonderlich schön fand. Unsere Spiele beschränkten sich auf zwei bis drei Mal und dann wurde der Raum, bis dahin, nicht mehr genutzt.

Eines Nachmittags fragte mich mein Bruder: >>Willst du mit mir Karten spielen? <<,

>>OK, können wir machen<<, sagte ich ihm. >>Dazu gehen wir aber in das Zimmer, da macht es mehr Spaß und man hat seine Ruhe<<, meinte er noch.

Ob ich besonders naiv oder auch in der Hinsicht einfach nur dumm war, kann ich mir nicht erklären. Jeder, der das liest, wird wissen, was in den darauf folgenden Minuten passierte. Vielleicht wollte ich es nicht wahr haben, vielleicht war ich einfach nur glücklich, wenn er sich mit mir abgegeben hatte. Oft habe ich ein seltsames Gefühl der Vorahnung in mir verspürt, aber ich hoffte immer wieder, dass es irgendwann aufhören würde und er war mein Bruder, also liebte ich ihn. Ich folgte ihm und wir nahmen auf dem alten, modrigen Sofa platz. Tatsächlich packte er Karten aus und wir begannen, Karten zu spielen. Ganz ruhig, aber doch mit einem gewissen Respekt und Abstand. Nach der ersten Spielrunde begann er sich, mit mir zu unterhalten:

>>Weißt du, du bist mir sehr wichtig als Schwester und ich möchte, dass wir offen sprechen können. Aber du weißt auch, dass Mama das nichts angeht, was wir machen oder bereden. Es macht mir soviel Spaß mit dir und bald wirst du auch körperlich eine richtige Frau sein. Weißt du, dass du dann bluten wirst? <<, erklärte er mir behutsam.

>>Wie meinst du das „Bluten" und „zur Frau werden"? << Fragte ich ihn erschrocken und neugierig.

>>Ha ja, wenn du so 12 oder 13 bist, bekommen die Mädchen ihre Tage, dann bluten sie … du weißt schon … von da … zwischen den Beinen … Aber das ist normal …<< sagte er.

>>Was? Da bin ich aber froh, das dauert bestimmt noch … ähm … vier, fünf Jahre oder länger, vielleicht bekomme ich das auch gar nicht.<<, sagte ich ihm etwas peinlich berührt.

>>Ja weißt du, das kommt doch auch immer in der Werbung, mit den Binden und so. Hast du das noch nie gesehen? << fragte er mich.

>>Ja, doch, ich hab Mama mal gefragt, wofür das ist und sie meinte, damit der Schlüpfer nicht schmutzig wird<<.

Obwohl ich total interessiert war, war mir dieses Gespräch äußerst unangenehm. Es war mir peinlich, sehr peinlich mit ihm darüber zu sprechen. Aber immerhin sagte mir das mal jemand, dachte ich so bei mir, sonst hätte ich das ja nie erfahren, immerhin bin ich schon acht und Mama hätte mir das bestimmt nicht gesagt.

Zudem war es meinem Bruder sehr wichtig, mir eines mit auf den Weg zu geben: >>Wenn du mal anfängst zu bluten, dann musst du mir das unbedingt sagen. Das ist ganz wichtig, weil sonst kann es sein, dass du schwanger wirst<<. Auf diesen Satz reagierte ich nicht. Sollte ich es ihm wirklich sagen, wenn es wirklich einmal soweit sein sollte? Über das mit ihm sprechen? Ich glaube nicht, außerdem war ich irgendwie der festen Überzeugung, dass mir so was nicht passieren würde.

Nachdem er mir ausführlich erklärt hatte, was ich zu

beachten hätte, wenn es mal soweit sein sollte, ging das normale Prozedere vonstatten. Fass mich an … Ich fass dich an … Mach es so … Taschentuch … Fertig. KOTZ!
Ab da war der Raum echt noch übler, als er sowieso schon war, grausam, gruselig, eklig.
Unsere Spiele hatten ein Ende gefunden, keiner wollte sich mehr wirklich in diesem Kellerraum aufhalten. Nicht mal mein älterer Bruder hatte noch Spaß darin, sich dort mit mir aufzuhalten. Was ich ab und zu mitbekam, war, dass er begeisterter Pornoleser war. Aber gut, mir sollte es Recht sein. Was er in seiner Fantasie machte, war mir egal, solange er mich und meine Freundinnen dabei herausließ. Ich muss sogar zugeben, dass es mich irgendwie beruhigt hatte, wenn ich wusste, dass er seine Sexualität mit sich selbst ausübte.

11. Kapitel

Ab diesem Tag, an dem er mich „aufklärte" war irgendwie alles noch sexueller, als es sowieso schon war. Ich sah meine Schulkameradinnen fragend an. Immer wieder geisterte es mir durch den Kopf: „Ob die wohl schon blutet? Wie das wohl ist?" Auch beobachtete ich meine Mutter sehr genau, was sie immer auf der Toilette so alles trieb. Bis zu einem gewissen Alter war die Toilettentür immer offen, ob jemand drin war oder nicht. Irgendwann nicht mehr. Auch zog sich meine Mutter nicht mehr vor uns aus. Tatsächlich bemerkte ich, dass sogar meine Mutter Blutungen hatte. Ich war ein sehr neugieriges Kind und konnte es mir nicht verkneifen, den Korb, den sie als Abfalleimer nutzte, mal genauer zu untersuchen. Irgendetwas war da mit Toilettenpapier eingewickelt. Wenn ich gewusst hätte, was sich darin verbirgt, hätte ich es vermutlich lieber sein lassen, aber die kindliche Neugierde ließ mich nicht mehr los. Vorsichtig wickelte ich das Toilettenpapier ab, und noch bevor ich es komplett abgemacht hatte, kam mir ein unangenehmer Geruch entgegen. Braun gefärbt, wie ein Wattebausch. Die Aufklärung meines Bruders schoss mir wieder in den Kopf. Er hatte auch etwas von „OB`s" erwähnt, sogenannte Tampons, die ebenfalls dazu da sind, um das austretende Blut aufzufangen. Indem Moment, als mir klar wurde, um was es sich gehandelt hatte, wickelte ich schnell das Toilettenpapier wieder darum und warf es mit einem ekelverzerrten Gesicht wieder zurück in den Korb. „Das ist ja ekelhaft", dachte ich mir, „so was werde ich nie machen, mir da was reinschieben, nein, nein, so was nicht, das ist ja abartig. Wie kann sie nur." Heute mag man anders darüber denken, aber ich war als Kind mit acht oder neun Jahren total überfordert und wollte mich solchen Gedanken nicht stellen. Alles was mit dem Intimbereich, egal ob bei Mann oder Frau, zu tun hatte, war für mich ein rotes Tuch, im wahrsten Sinne des Wortes. Ob es wirklich hilfreich war, dass mein Bruder mich darüber aufklärte, was denn mit dem weiblichen Körper so alles passieren würde, bezweifle ich nach diesen Erfahrungen. Vielleicht war er auch der falsche Ansprechpartner, denn immerhin hatte alles, was er mir sagte, erklärte oder beibrachte immer etwas Abartiges, Unschönes an sich.

Auch mit meiner Freundin hatte ich eines Tages dieses Gespräch. Ich denke, wir waren in dem Alter, in dem man mit seiner Freundin über solche Dinge reden konnte. Seltsamerweise wusste ich alles, was sie mir sagen wollte, und kam mir irgendwie zu sehr aufgeklärt vor. Sie ging alle unsere Mitschülerinnen durch, wer denn als Erstes seine Tage bekommen würde. Außerdem würde sie niemals einen Tampon verwenden, nicht wie ihre Mutter. Das ist ekelig, meinte sie. Immerhin, in dieser Sache waren wir uns einig. Ich hielt mich immer sehr zurück, was dieses Thema anging. Vielleicht wollte ich auch nicht verraten, dass ich eigentlich schon alles wusste. Man kann natürlich mit seiner Freundin darüber reden, aber ich wollte es nicht unbedingt. Ich sah es nicht als notwendig an und musste dabei auch immer wieder an meinen Bruder denken, wobei ich ja immer dachte, man würde es mir an der Nasenspitze ansehen, was ich mit ihm machen würde.

12. Kapitel

An einem sonnigen Tag hatte ich Lust zu meiner Oma zu gehen. Ich wollte etwas Zeit mit ihr verbringen und schauen, was sie so trieb. Also beschloss ich, zu ihr zu gehen. Da sie ja im gleichen Ort wohnte und ich nur dazu auf die Hauptstraße musste, war das kein Problem für mich. Als ich bei ihr ankam, freute sie sich wie immer sehr über meinen Besuch. >>Schön, dass du kommst, das freut mich das du mich besuchst<<, sagte sie mir strahlend.

Zusammen setzten wir uns in die Küche und ich schaute ihr zu, wie sie ihre Kreuzworträtsel löste. Ich hatte eine sehr wichtige Aufgabe dabei: Meine Oma hatte zum Lesen eine Brille auf, diese rutsche immer nach einer gewissen Zeit ihre Nase herunter. Ich saß neben ihr und schob ihr immer wieder die Brille hoch. Das war schon so selbstverständlich, dass sie mich nur noch anschmunzelte und nicht mehr erschrak, wenn ich überraschend an ihre Brille griff. Warum auch immer konnte ich das ziemlich lange machen. Wenn mir langweilig wurde, kramte ich ein wenig auf dem Speicher herum. Das war wie eine Schatztruhe. Die hatte Sachen. Alte Sachen, staubige Sachen und warum auch immer, alles lag voller Walnüsse. Alte Bettchen von der Katze, Spielsachen ihrer Kinder, ein altes Schaukelpferd. Zudem war es sehr interessant, aus dem obersten Stockwerk, auf die Straße herunter zu sehen. Keiner dachte sich, dass dort oben noch jemand sein könnte und bemerkten einen nicht. Ein wenig schwindelig wurde einem schon, wenn man von dem Speicherfenster aus auf die Straße runter blickte, immerhin waren es drei Stockwerke.

Ich wurde aus meiner Traumwelt geweckt: >>Komm mal runter<< rief sie mir von der Wohnung zu. Schnell eilte ich die Treppen herunter. >>Was ist, Oma? <<, fragte ich sie neugierig. >>Ich muss mal rüber in den Schreibwarenladen, willst du mit oder beim Opa bleiben<< fragte sie mich. >>Oh ja, ich will mit<<.

Sie zog ihre dünne Jacke an und wir gingen aus dem Haus, in Richtung des Schreibwarengeschäftes. Es war ungefähr 100 Meter von meiner Oma entfernt, also nicht weit weg. Als wir gerade die Straße überqueren wollten, knickte meine Oma mit ihrem rechten Fuß um und machte ein erschrockenes Gesicht. Sie hielt sich an mir fest und konnte nicht mehr richtig stehen. Ich selbst war so erschrocken, dass ich vor Schreck stumm wurde und nicht wusste, was ich machen sollte. Zum Glück hatte es eine Frau gesehen, die gerade gegenüber auf dem Gehweg war und kam zu uns herüber.
>>Ach du lieber Gott, was ist denn passiert … Können Sie laufen, geht es<<, fragte sie mit ernster Stimme.
>>Ja es geht schon, ich hab ja meine Enkelin dabei, ich hab mir mein Fuß verdreht, ich wohn ja gleich um die Ecke, das wird schon gehen<<, meinte sie tapfer.
Während sich meine Oma an mir festhielt, gingen wir langsam und vorsichtig wieder zurück zu ihrem Haus.
>> Es ist besser, wenn du dann gehst, ich muss wahrscheinlich zum Arzt, sag bitte der Mama bescheid<<, meinte sie zu mir, als wir wieder im Haus waren. Ohne jedes weitere Wort ging ich nach Hause. Ich hatte plötzlich Angst um sie, noch nie hatte ich sie so gebrechlich erlebt und mit Schmerzen.
Als ich zu Hause ankam, erzählte ich meiner Mutter und meinen Brüdern davon. Meine Mutter beschloss sie später zu besuchen, nachdem sie sich informiert hatte, was geschehen war.
Es war mir nicht wohl dabei, ich hatte wirklich richtig Angst um sie, plötzlich hatte ich sogar Angst, sie könne sterben und das nur, weil ich dabei war.
Den ganzen Nachmittag beschäftigte mich das. Die Bilder wollten nicht aus meinem Kopf verschwinden. Wie sie zusammengesackt ist und meine Hand hielt. Einige Zeit später standen wir alle gemeinsam vor Omas Haus und klingelten an der Tür. Es dauerte ein wenig, bis jemand die Tür öffnete und mein großer Bruder nahm das als Anlass,

mir mal so richtig eins auszuwischen. >>Du bist schuld, du bist schuld, du allein bist schuld<<, sagte er mit einem grinsen im Gesicht.

>>Ich hab nichts getan, ich kann nichts dafür …<< antwortete ich ihm mit Tränen in den Augen.

>>Hört auf, keiner ist schuld<< sagte meine Mutter streng. Ich war sehr erleichtert, als die Tür aufgemacht wurde. Ich ging die Treppe zu meiner Oma als Erste hoch. Sie saß in der Küche, hatte eine Fußbank und das Bein war bis zum Knie eingegipst. Gleich fragte ich sie: >>Oma, war ich schuld? << >>Nein, ich bin blöd aufgekommen. Jetzt ist er halt gebrochen, das ist nicht schlimm, du hast mir doch noch geholfen<< beruhigte sie mich. Ich strahlte erleichtert zu meinem Bruder hinüber, welches er mit einem giftigen Grinsen abwertete.

Nur einen gebrochenen Fuß und Oma meint es wäre nicht so schlimm, damit konnte ich leben, mir ging es wieder besser. Meine Sorgen waren umsonst.

Trotzdem merkte ich, dass es mein Bruder genoss, mir Schuldgefühle einzureden, dabei dachte ich, wenn ich doch alles machte, was er mochte, um ihn glücklich zu machen, würde er das Gleiche auch für mich wollen. Immerhin meinte er oft genug, dass er mich lieben würde. Über das Verhalten war ich erschrocken und enttäuscht. Am liebsten hätte ich laut losgeheult und allen gesagt, warum ich mir solche Vorwürfe machte. Ich war der Überzeugung, dass ich die treibende Kraft in diesem Verhältnis war. Ich hatte getan, was er wollte, vielleicht hätte ich auch Nein sagen sollen, aber ich konnte es nicht ertragen, wenn jemand böse mit mir war und ich wusste, er wäre dann böse mit mir, sollte ich mich ihm verweigern.

Ab dem Tag, an dem meine Oma sich den Fuß brach, änderte sich mein Verhalten ihr gegenüber. Ich übernachtete nicht mehr bei ihr und besuchte sie auch nicht mehr so oft. Vielleicht machte ich mir doch weiterhin unterbewusst Vorwürfe, dass ich die Schuld an dem Gipsfuß tragen würde

13. Kapitel

Da ich, von nun an, nicht mehr so oft bei meiner Oma war, musste ich meine Freizeit etwas umgestalten. Meine beiden Brüder machten oft Ausflüge mit dem Fahrrad. Stundenlang konnte sie unterwegs sein, also schloss ich mich ihnen an. Wir verbrachte sehr viele Nachmittage auf dem Fahrrad. Unterwegs fuhren durch Wälder, den Park, die Ortschaft, den Fußballplatz und an Stellen, die ich bis dahin nicht kannte. Ich kann mich noch sehr genau an einen Fahrradausflug erinnern, den ich wirklich als sehr ätzend empfand. Mein Bruder warnte mich schon vor, dass wir lange unterwegs sein würden. Also packte ich was zu trinken ein und was auf keinen Fall fehlen durfte, war mein kleiner Teddybär, den ich auf den Gepäckträger klemmte. Immerhin sollte der auch was von dem Ausflug haben.

Am frühen Nachmittag startete unsere Tour. Meistens ergab es sich, dass meine beiden Brüder vorausfuhren und ich hinter her. Ich war nie so schnell und war auch immer ein bisschen vorsichtiger als die beiden. Manchmal mussten sie sogar eine Pause einlegen, um auf mich zu warten, weil ich nicht mehr hinterher kam. Oftmals bekam ich dann einen blöden Spruch zu hören: >>Auf dich muss man immer warten<< oder >>wenn es dir zu schnell geht, musste du halt daheimbleiben<<. Ich gab mir große Mühe, nicht negativ aufzufallen, ich wollte unbedingt mithalten und strampelte, was das Zeug hergab. Trotzdem kam ich oft nicht hinterher und Spaß machte das auch nicht gerade.

Wir fuhren durch einen Wald, die Erde war matschig, Blätter bedeckten den Boden, die Sonne schien durch die Bäume. Der Weg war eng und es ging sehr häufig bergauf oder bergab. Auf dem Fahrrad wurde man regelrecht durchgeschüttelt, als würde man auf einer Waschmaschine sitzen, die den Schleudergang drin hat.

Ich fand den Wald etwas beängstigend und hatte große Angst nicht mehr hinter meinen Brüdern herzukommen,

umso mehr Mühe gab ich mir, mithalten zu können.
Nachdem wir ungefähr eine viertel Stunde durch den Wald
gehetzt sind, kamen wir endlich wieder auf eine Straße. Es
gab hier jedoch keine Häuser, sondern nur Felder. Außerdem
stand ein verlassenes Wohnmobil auf einem der Felder. Ich
fragte mich immer, ob da wohl jemand wohnen würde.
„Vielleicht versteckt sich da auch ein Krimineller", dachte ich
mir oft.
>>Da fahren wir jetzt die Straße hoch<<, sagte mein großer
Bruder zu uns.
>>Was? Da hoch? Das ist doch viel zu steil …<<, meinte
ich zu ihm. Es war eine sehr enge und sehr steile, lange
Straße. Man konnte nicht sehen, wo sie aufhörte. Ohne mir
zu antworten, fuhren die beiden Jungs los. Obwohl ich mir
wirklich Mühe gab, schaffte ich es nicht, auf meinem Rad
sitzen zu bleiben, ich musste absteigen und es den Berg
hochschieben. Wie immer brauchte ich am längsten, als ich
oben ankam, waren die Beiden schon da und warteten wieder
mal.
Eigentlich war es eine sehr langweilige Stelle, warum wir
unbedingt dort hochfahren mussten, konnte ich mir nicht
erklären. Alles, was es dort zu sehen gab, war eine kleine
Kapelle. Und die war auch noch abgesperrt.
Wenigstens gab es eine Bank, dort setzten wir uns hin und
machten eine kleine Pause. Tranken etwas und entschlossen
dann wieder nach Hause zu fahren. Ich hatte den Weg
allerdings in so schlimmer Erinnerung, dass es mir schon vor
dem Heimweg grauste. Ich hatte keine Lust mehr. Aber, man
mag es kaum glauben, nach unten ging es wirklich sehr
schnell. Wir ließen die Räder nur rollen und waren auf das
Schlimmste gefasst. Da der Boden sehr uneben war und
einige Schlaglöcher hatte, dachte ich oft, dass ich jetzt die
Kontrolle über mein Fahrrad verlieren würde. Ich war
wirklich erleichtert, als ich heil unten ankam. Der restliche
Heimweg gestaltete sich so, wie er begonnen hatte, die
Brüder voraus, ich hinterher. Ich kann gar nicht sagen, wie

glücklich ich war, als ich wieder wusste, wo wir uns befanden und ich die Länge der Strecke abschätzen konnte und somit ahnen konnte, dass wir gleich zu Hause sein würden. Mein Bruder rief: >>Komm, mach schneller, heut Abend kommt „E.T." im Fernsehen, der ist klasse, den will ich unbedingt sehen<<. Ich war echt erledigt, als wir zu Hause ankamen. Wir parkten unsere Fahrräder wieder in die Garage und gingen in die Wohnung.

Meine Mutter hatte bereits das Abendbrot vorbereitet.

>>Und, wie war euer Ausflug<<, fragte sie.

>>Ja war schön und nachher würde ich gerne E.T. anschauen, der läuft heute um 20.15 Uhr<<, meinte mein großer Bruder.

>>Von mir aus<<, antwortete ihm meine Mutter. Ich selbst hielt mich bei der Frage zurück. Ich traute mich nicht zu sagen, dass es für mich nicht ganz so schön war, ich wollte ja kein Spielverderber sein, und wenn ich meckern würde, würden sie mich vielleicht nächstes Mal nicht mehr mitnehmen.

Nach dem wir Abendbrot gegessen hatten, saßen wir alle im Wohnzimmer, während der Fernseher lief. Diesen Film, den mein Bruder so toll fand, empfand ich als äußerst unangenehm. Ich fand ihn gruselig und wer den Film kennt, weiß auch, dass in einer Szene Männer in Schutzanzügen, die auch den Kopf bedeckten, das Haus stürmten. Ich fand diese Stelle so schlimm, dass ich nicht hinschauen konnte und selbst heute mag ich den Film nicht. Es hat sich in mein Gedächtnis gebrannt, vielleicht war ich auch einfach noch zu jung, um mit solchen Science-Fiction Filmen umgehen zu können. Ich konnte auch nicht nachvollziehen, was meinem Bruder an diesem Film so sehr gefallen hatte, aber vielleicht denken Männern oder Jungs da anders.

Nachdem der Film beendet war und meine Mutter meinen Zwillingsbruder und mich darauf hinwies langsam ins Bett zu gehen, bemerkte ich etwas Furchtbares. Mein Teddybär „Bärchen", war weg. Da ich ihn immer mit ins Bett nahm,

fiel es mir erst jetzt auf. Ich rannte zu meiner Mutter.
>>Mama, das Bärchen ist weg<<, sagte ich ihr erschrocken.

>>Och Mensch, wo hast du denn das wieder?<<, fragte sie
genervt.<<
Zuerst war mir gar nicht bewusst, dass ich es ja zu meiner
Fahrradtour mitgenommen hatte, anscheinend musste ich es
bei der holprigen Strecke verloren haben und es ist mir noch
nicht einmal aufgefallen. Die Vorstellung, dass mein
„Bärchen" irgendwo im Dreck liegen würde, war so grausam
für mich, dass ich tieftraurig war. Auch meiner Mutter war
klar, dass ich ohne mein „Bärchen" nicht schlafen konnte.
Sie bat meinen Bruder den Weg noch einmal mit dem
Fahrrad abzufahren, um nachzusehen, ob der Teddybär
irgendwo liegen würde. Es war, als würde für mich eine Welt
zusammenbrechen, mein „Bärchen" war weg und ich wusste
nicht wo.
Trotz dieses Vorfalls bat mich meine Mutter, schon mal ins
Bett zu gehen.
Ungefähr eine Stunde oder länger, war mein Bruder mit dem
Fahrrad unterwegs, bis er wieder nach Hause kam.
>>Hier, ich hab ihn gefunden. Der lag auf der Straße,
wahrscheinlich ist ein Auto darüber gefahren, weil seine Nase
ist eingedrückt und er ist schmutzig<<, meinte er zu mir. Ich
freute mich so sehr, ich konnte gar nicht glauben, dass ich
mein „Bärchen" wieder hatte. Dass er total schmutzig und
irgendwie demoliert war, hat mich nicht gestört, er musste
trotzdem mit ins Bett. Und ich konnte endlich einschlafen.
Trotz diesem, für mich, grausamen Ereignis, dass ich es nicht
bemerkte, wie ich mein „Bärchen" verlor, wollte ich bei der
nächsten Fahrradtour wieder mitkommen. Eines war mir
jedoch klar, diesen Weg, diesen Berg, diese Strecke, würde
ich nie wieder fahren wollen. Die Erinnerung daran war
einfach furchtbar. Etwas eigentlich Schönes, nämlich die
Radtour, wurde zur Quälerei, ich fand daran nichts
Angenehmes mehr. Die Strecke schien mir, als würde sie

kein Ende mehr nehmen, sie hatte mich erschöpft und müde gemacht, das brauchte ich nicht mehr. Ich wollte Spaß an dem haben, was ich machte und der hörte bei mir auf, wenn es mich soviel Mühe kostete.

Damit mir nicht noch einmal so etwas passieren würde, wollte ich, dass mir mein Bruder versprach, dieses Mal einen anderen Weg zu fahren. >>Wir fahren in die nächste Ortschaft, Richtung Schule, da ist ein toller, großer Hof, da kann man gut Fahrrad fahren<<, sagte er zu mir. Damit war ich einverstanden. Ich wusste zwar nicht, wie lange man fahren würde, bis man bei der nächsten Ortschaft ankommen würde, aber ich freute mich irgendwie darauf. Auch mein Zwillingsbruder wollte sich diese Tour nicht entgehen lassen und irgendwie wäre ich wahrscheinlich nicht mit meinem großen Bruder alleine gefahren. Ich traute ihm da nicht besonders, immerhin hatte er mich, bei dem letzten Ausflug, immer ziemlich weit zurückgelassen und das machte mir keinen Spaß. Obwohl mein Zwillingsbruder da auch nicht viel anders war, wusste ich, dass er mich nicht zurücklassen würde. Ich vertraute ihm in der Hinsicht einfach mehr.

Zu meiner Freude schien an diesem Tag die Sonne, es war mild, womöglich ein angenehmer Sommertag. Es war jedoch nicht so heiß, dass man direkt das Schwitzen anfangen würde, wenn man sich körperlich betätigte. Nach dem Mittagessen beschlossen wir, loszufahren. Wir richteten wie immer unsere Getränke, die wir ja ganz praktisch am Fahrradrahmen befestigen konnten. Mein Favorit war immer Zitronenlimonade. Unvorstellbar ohne dieses Getränk auskommen zu können.

Auf die Plätze, fertig, los! Die Straße hinunter, auf die Hauptstraße und auf den langen Fahrradweg in Richtung nächster Ortschaft. Mein Bruder war diesmal richtig rücksichtsvoll, er versuchte nicht immer vorauszufahren, sondern passte sich meinem Tempo an, war sehr nett und fragte oft nach:

>> Geht es oder bin ich zu schnell? <<. Etwas hatte mich sein überraschendes Verhalten verwundert, aber ich genoss es, dass er so nett zu mir war. Meinen Zwillingsbruder dagegen ließ er einfach vorausfahren. Ab und zu rief er hinter ihm her
>> Mach mal langsamer, du kennst doch den Weg gar nicht … <<. Dagegen fuhr ich neben meinem Bruder sehr gemütlich. Ich merkte, wie es mir wieder begann, richtig Spaß zu machen. Kein Stress, keine Hektik, ich war nicht ausgepowert und konnte mich sogar noch während des Radfahrens gut mit meinem Bruder unterhalten. Ich fühlte mich so richtig gut angenommen, auch wenn ich jedes Mal, wenn er zu nett zu mir, etwas skeptisch wurde. Der Weg ging nur geradeaus, neben uns war ein Waldgebiet, an dem wir vorbeifahren mussten. Auf der anderen Seite fuhren die Autos, die in die nächste Ortschaft wollten. Die Autos rasten an uns vorbei, der Wind blies mir zart ins Gesicht, durch die Bäume schien immer wieder die Sonne. Es ging mir sehr gut, irgendwie fühlte ich mich frei, es störte mich nur ein wenig, dass ich nicht wusste, wohin uns die Fahrt führen würde. Wie lange es genau dauert und wo wir genau rauskommen würden. Ich fragte meinen Bruder ab und zu, wie lange es noch gehen würde, aber wenn er mir sagte, dass wir noch einen Kilometer fahren müssten, konnte ich mir darunter auch nichts vorstellen.
Auch heute ist es noch so, dass ich gerne weiß, was auf mich zukommt. Es vermittelt mir Sicherheit und ich kann mich auf etwas einstellen. Ich würde behaupten, dass ich in solchen Dingen sehr unflexibel bin. Ich kann zwar auch spontan sein, aber das kommt selten vor und dazu muss es mir schon wirklich gut gehen.
>> Wenn wir jetzt bei dem Weg rein fahren, könnten wir mal eine Pause machen <<, sagte er mir. Er rief hinter meinem Zwillingsbruder her:
>> Komm zurück, wir machen hier eine Pause <<. Meinem Zwillingsbruder war es nicht gerade nach Pause machen, er

war gerade richtig in Fahrt gekommen und war etwas genervt, dass er nun wieder zurückfahren musste. >> Pause können wir doch auch später machen <<, sagte er enttäuscht zu meinem Bruder. Egal, was mein Bruder sagte, war zu beachten, immerhin war er der Ältere und wusste, was er tat. Auf etwas halber Strecke des Fahrradweges führte ein kleiner Weg zu einem Art Bauernhaus. Wie ich heute weiß, werden da frische Eier, Gemüse und Salat verkauft. Damals wusste ich das natürlich nicht. Ich wollte immer zu dem Haus hochlaufen und schauen, was das genau ist, aber mein Bruder meinte immer: >> Da darf man nicht hoch, das ist Privatgelände <<. Wenn man etwas einen Hang hochging, stand dort eine Bank, vor der Bank waren Sträucher und eine Hecke versperrte einem die Sicht auf den Weg. Ich wunderte mich über die seltsame Stelle, an der die Bank hingestellt war. Immerhin hatte man nicht gerade eine gute Aussicht. Aber schön war es trotzdem. Irgendwie idyllisch. Während mein Zwillingsbruder damit beschäftigt war, sich die Gegend ein wenig genauer anzusehen, natürlich ohne zu weit nach oben zu dem Bauernhaus zu gehen, saß ich mich mit meinem Bruder auf der Bank und trank etwas aus meiner Flasche. >> Ich hätte jetzt große Lust, dass du da was machst <<, sagte er zu mir und fasste sich dabei zwischen seine Beine. >> Aber wenn man das sieht? <<, meinte ich erschrocken zu ihm.
>> Ach was, da sieht man nix und andere machen das sicherlich auch so, du könntest ja auch meine Freundin sein, das interessiert niemand <<, antwortete er mir mit einem Grinsen. Ich schaute mich um und fühlte mich wahrhaftig nicht wohl in der Situation. Plötzlich wollte ich keine Pause mehr machen. Ich dachte mir, dass ich vielleicht doch zu nett zu ihm war. Womöglich ist er erst durch meine Freundlichkeit, ihm gegenüber, auf diese Idee gekommen. Ich bereute nun, dass ich so nett zu ihm war, mich mit ihm unterhalten hatte, während wir nebeneinander mit dem Fahrrad fuhren. Er schob seine Hose nach unten und begann

sich anzufassen. >> Komm, wenn du das machst, ist es viel besser << sagte er zu mir. Ohne etwas dazu zu sagen, ließ ich meine Hand von ihm führen. Ich wollte nicht hinschauen und versuchte krampfhaft durch die Hecken zu sehen, um zu schauen, ob jemand kommen würde. Ich konzentrierte mich auf die Geräusche der vorbeifahrenden Autos. Mein Zwillingsbruder war direkt vor uns, jedoch war die Sicht durch eine Hecke verdeckt, ich nahm ihn wahr und hoffte, dass er es nicht mitbekommen würde.

Ich fühlte mich wie in einer Traumwelt, und ohne dass ich es richtig wahrnahm, war es doch sehr schnell wieder vorbei. Den „Schluss" vollbrachte er immer selbst.

Ich war mir so sicher, dass es bestimmt jemand gesehen hatte, dass ich schnell wieder weg wollte. Obwohl ich nichts getan hatte, was man mir hätte vorwerfen können, fühlte ich mich als Auslöser für diese Situation.

>> Komm wir drehen um und fahren wieder nach Hause << sagte er zu mir. Er erhob sich und lief vorsichtig den steilen Hang hinunter zu meinem Zwillingsbruder. Der war alles andere als begeistert, dass wir wieder Heim fahren wollten.

>> Ich dachte wir fahren weiter? <<, fragte er meinen Bruder überrascht.

>> Die Strecke ist zu lang, ich habe keine Lust mehr. Es ist auch schon spät, nächstes Mal fahren wir weiter << sagte er zu meinem Zwillingsbruder. >> Och Mann … << antwortete ihm mein Zwillingsbruder enttäuscht. Ich dagegen hatte nicht mehr viel zu sagen. Es hatte mir wahrhaftig die Sprache verschlagen. Urplötzlich war auch unser „gutes Verhältnis" nicht mehr so gut. Er radelte mit meinem Zwillingsbruder voraus und ich hinterher. Die Strecke kam mir, im Gegensatz zur Hinfahrt, extrem lange vor. Es erschöpfte mich und ich hatte auch keinen Spaß mehr daran, ich wollte einfach nach Hause.

Zuhause angekommen war alles wie immer. Meine Mutter machte Kreuzworträtsel, mein großer Bruder verzog sich in sein Zimmer.

Mein Zwillingsbruder fragte mich: >> Und spielen wir noch was? Ich kann die Matchbox Autos aus der Kiste holen und wir bauen uns eine Straße durch das Zimmer … <<. >>Nein, ich möchte lieber auf den Balkon und auf die Schaukel sitzen <<. Ohne ihn weiter zu beachten, ging ich auf unseren riesigen Balkon. Wir hatten dort eine alte, aber doch sehr schöne Hollywood Schaukel, die wir von einer Bekannten meiner Mutter geschenkt bekamen. Oft saß ich darauf und ließ meine Gedanken schweifen, träumte mich in eine andere Welt, stellte mir vor, wie es wäre jemand anderes zu sein. Ich genoss es, wenn die Sonnenstrahlen meinen Körper wärmten, und liebte es, wenn man mich einfach mal in Ruhe ließ.

Mir fiel auf, dass wenn man sich auf die Schaukel legte und diese mit den Füßen hin und her bewegte, dass man das Gefühl bekam abzuheben. Natürlich wurde mir nach einer gewissen Zeit auch mal flau im Bauch, aber das Gefühl, mich nicht mehr zu spüren, abzuheben, war so schön, dass ich es immer wieder haben wollte. Oft, wenn ich nachts in meinem Bett lag und nicht einschlafen konnte, musste ich mich, auf der Seite liegend, immer wieder hin und her werfen. „Schaukeln" sozusagen. Es beruhigte mich und ich konnte einschlafen. Teilweise tat ich das auch ohne, dass ich es bewusst wahrnahm, während ich schlief oder wenn ich mich unwohl fühlte.

Diese seltsame „Marotte" habe ich noch, bis ich ungefähr dreizehn oder vierzehn war, fortgesetzt. Ob das irgendjemand von meiner Familie wahrnahm, weiß ich nicht. Ich musste mich aber sehr anstrengend, diese Gewohnheit abzulegen. Irgendwo habe ich einmal gelesen, dass Kinder, die lange in Krankenhäuser oder Kinderheimen sind, sich immer wieder hin und her wippen. Solch eine psychische Störung nennt sich „*Hospitalismus*" und deutet darauf hin, dass sich die Kinder selbst beruhigen, indem sie, wie bei Mutters Arme, sich hin und her bewegen. Ob das bei mir der gleiche Hintergrund war, weiß ich nicht. Jedoch gibt es viele Kinder, die sich in andere Sphären träumen und fast schon abheben, um nicht mehr anwesend sein zu müssen. Um dass, was mit ihnen passiert, nicht mehr richtig wahrnehmen zu können.

14. Kapitel

Eines Tages kam meine Mutter ziemlich wutentbrannt auf uns zu. Mein Zwillingsbruder und ich saßen im Wohnzimmer und schauten uns eine Kinderserie im Fernsehen an. >> So, jetzt habt ihr es geschafft, jetzt kann ich uns auch noch eine neue Wohnung suchen … <<. Fragend schauten wir unsere Mutter an.
>> Warum denn? <<, fragte ich sie.
>> Ich war gerade bei dem Vermieter, wir können uns eine neue Wohnung suchen. Angeblich wegen Eigenbedarf, weil denen ihre Mutter einziehen soll. Aber ich weiß dass kommt daher, weil ihr immer die Türen so zu knallt und rumschreit … <<. Voller Schuldgefühle schauten wir traurig nach unten.
>> Auf macht die Kiste aus … <<, sagte sie und ging in die Küche um das Essen vorzubereiten. Wir schalteten den Fernseher ab und gingen in unser Zimmer. Dort rätselte ich mit meinem Bruder, ob es wirklich daran liegen könnte, weil wir so laut waren. Meine Mutter kam ins Zimmer rein.
>> Ach, da hab ich noch was für euch …<<, sagte sie und drückte jedem von uns eine Broschüre in die Hand. Ohne etwas Weiteres dazu zu sagen, verließ sie das Zimmer wieder. Was sollte das? Dachte ich mir. Ich schaute die Broschüre an und musste grinsen. *„Sexualität und Verhütung"* stand darauf. Ein Heftchen mit ungefähr 50 Seiten, welches uns womöglich erklären sollte, wie man verhütet und was im Körper so passiert, wenn man älter wird, wie man schwanger wird und was Sexualität ist. Mein Zwillingsbruder und ich sahen uns fragend an und konnten uns das peinlich berührte Lachen nicht verkneifen. Neugierig blätterten wir dieses Heft durch. Danach verschwand es, auf nimmer wiedersehen im Schrank. Meiner Mutter hatte man deutlich angesehen, dass es ihr unangenehm war, uns diese Broschüre zu geben. Vielleicht sah sie es als ihre Pflicht an, uns irgendwie, irgendwann aufzuklären und da sie es nicht aussprechen

konnte, musste es über ein Heft geschehen. Ob mein großer Bruder auch jemals so ein *Aufklärungsheft* bekommen hat, weiß ich nicht. Ich nehme es schwer an.

In der nächsten Zeit war meine Mutter oft sehr gestresst und unausgeglichen, was häufiger dazu führte, dass wir eine mit dem Kochlöffel auf den Hintern bekamen. Wenn sie von der Arbeit kam, wusste ich nicht, wie ihre Laune war. Kam sie zur Türe rein und schlug diese fest hinter ihr zu, wusste ich, es wäre besser, mich aus dem Staub zu machen. Irgendwann kam sie mit einem Plan nach Hause. >> Schaut hier, ich hab eine Wohnung. Schön groß, mit Balkon, hier im Ort, Neubau. Hab sie mir angesehen und habe es mal aufgemalt, wie die Zimmer sind<<. Neugierig schauten wir uns ihre Zeichnung an. Interessant sah es aus. Irgendwie war ich erleichtert, dass wir eine Wohnung gefunden hatten und ehrlich gesagt, freute ich mich richtig darauf, dort einziehen zu können. Es war einmal etwas ganz Neues. Einen Umzug hatte ich ja bisher noch nicht erlebt und es konnte ja nur Spaß machen. Meine Mutter sah das ein wenig anders. Obwohl sie scheinbar glücklich war, dass sie eine Wohnung gefunden hatte, blieb die Unzufriedenheit auf ihrer Seite. Sie räumte und packte. >> Brauchst du das noch? <<, fragte sie des Öfteren.

>> Nicht, OK wegwerfen … <<.

Als Kind hat man oft andere Dinge im Kopf und bekommt so einen Umzug, der neben einem stattfindet nicht immer so mit, wie man es im Erwachsenenalter erlebt. Für mich als Kind ging es rasend schnell. Ein paar Mal waren wir zusammen mit meinem Onkel in der neuen Wohnung, der meiner Mutter half, die Wände zu tapezieren. Für das Zimmer von meinem Zwillingsbruder und mir durften wir uns die Tapeten selbst aussuchen. Es störte mich zwar gewaltig, dass ich wieder mit meinem Zwillingsbruder in einem Zimmer sein musste, aber jeder durfte seine Wand selbst bestimmen. Ich suchte mir eine Tapete mit Hunden aus, mein Zwillingsbruder eine mit Katzen. Das Zimmer von mir und meinem Zwillingsbruder war genauso groß, wie das von meinem großen Bruder, nur dass wir es uns teilen mussten. Das nervte mich ein wenig. Gerne hätte ich auch ein Zimmer nur für mich gehabt. Zu tun und zu lassen, was ich mag und mein Zimmer gestalten, wie ich es schön finde, war immer schon ein Traum von mir.

An dem Tag des Umzuges war ein riesiges Chaos. Kisten standen herum, Handwerker in der Küche, Möbel wurden geschleppt und alle waren gestresst. Irgendwie war es nicht mehr so schön, wie ich es mir vorgestellt hatte, dabei hatte ich mich so sehr auf diesen Tag gefreut. Da es so furchtbar stressig war, verzogen sich mein Zwillingsbruder und ich in den Hof des Mehrfamilienhauses. Dort konnte man toll Federball spielen. Gleichzeitig lernten wir ein paar Kinder in unserem Alter kennen, die auch frisch eingezogen waren oder den Umzug am selben Tag machten. Es war ein Neubau und war erst ab dem Tag richtig bezugsfertig. Von außen war es noch nicht ganz fertig, hatte noch keine Farbe an der Außenmauer und alles roch noch so neu. Mir gefiel der Gedanke, dass vor uns noch keiner in der Wohnung war. Die Vorstellung, es habe vorher ein anderer dort gelebt und was weiß ich alles getan, schreckte mich ab. Keiner hatte die Toiletten vorher benutzt, keiner hatte sich in der Dusche gewaschen, alles ungebraucht und wie für uns bereitgestellt. Alles glänzte und war tipp topp. In diesem Mehrfamilienhaus wohnten insgesamt acht Familien. Unter uns wohnte sogar ein Mädchen, welches bei uns in dieselbe Klasse ging. Im Hof trafen wir uns und erzählten von den „Neuentdeckungen", die wir im Haus gemacht hatten.

>> Stell dir vor, im Haus wohnt ein Mädchen, die ist halbe Amerikanerin und die hat voll viele Süßigkeiten … <<, sagte sie begeistert. Ich selbst habe nicht soviel am ersten Tag mitbekommen, immerhin war alles neu und viel zu aufregend, als dass man es an einem Tag schaffen konnte, jeden dort kennenzulernen.

Als es etwas später wurde, hatte ich etwas Langeweile und

Hunger. Ich beschloss mal nachzuschauen, wie weit der Umzug war und huschte in den zweiten Stock in die Wohnung. Das sah toll aus, dachte ich mir. Es war eigentlich schon fast alles fertig. Die Küche war noch nicht ganz betriebsbereit, weil der Wasseranschluss noch gemacht werden musste. Meine Mutter kam gerade aus der Küche. >> Du, Mama, ich hab so Hunger, haben wir was zum Essen da? <<, fragte ich sie. >>Meinst du eigentlich, ich hab nichts Besseres zu tun, als mich jetzt auch noch um euer Fressen zu kümmern <<, entgegnete sie mir böse. Wie immer konnte ich darauf nicht reagieren und stand nur da und merkte, wie mir die Tränen in die Augen schossen. Meine Tante stand neben mir und schien genauso betroffen zu sein wie ich. >> Komm, ich mach dir was zu essen, ich hab Brote dabei <<, sagte sie vorsichtig zu mir. >> Nein, ich will nichts mehr <<, antwortete ich ihr und ging in Richtung Wohnzimmer, um mich auf den Balkon zu stellen. Warm war es an dem Tag, so warm, dass man es gut auf dem Balkon aushalten konnte und noch nicht mal eine Jacke benötigte. Wieder begann ich, mich in meine Traumwelt zu flüchten. Ich schaute nach unten auf die noch nicht beendete Baustelle, die eigentlich rund um das Haus noch vorhanden war. Schaute mich um, welche Häuser drum herum waren und fühlte mich auf dem Balkon etwas sicherer, als in „der Höhle des Löwen". Ich schätzte die Situation gefährlich ein, weil meine Mutter kurz vor der Explosion stand. Da war es doch besser, ich machte mich unsichtbar und verschwand, bis sich die Luft wieder bereinigt hatte.

Später beruhigte sich meine Mutter wieder, auch wenn ich sehr vorsichtig war, wenn ich sie ansprach. Am frühen Abend war alles erledigt, aber auch alle irgendwie erschöpft. Der Umzug war geschafft.

Mit der Zeit lernte ich auch die Leute kennen, die ebenfalls eingezogen waren. Man sah sich, man grüßte und ging weiter. Eine russische Familie, die über uns wohnte, hatte acht

Kinder. Von ganz klein, Babyalter, bis etwa acht oder neun Jahren. Diese Kinder sah ich am häufigsten, mal davon abgesehen, dass man sie auch immer hörte. Sie tobten über den Hof, und wenn sie mal in der Wohnung waren, hörte ich sie trotzdem. Sie polterten und schrien, aber mit der Zeit gewöhnte man sich sogar an das.

15. Kapitel

Als der Sommer anfing, die Tage länger wurden, verbrachte ich auch viel Zeit mit meinem Zwillingsbruder im Hof vor dem Haus. Teilweise war es noch eine Baustelle, noch nicht ganz fertig. Sandanhäufungen lagen am Straßenrand. Das störte uns wenig. Wir hatten ein Federballspiel, mit dem wir regelmäßig unser Können unter Beweis stellten. Oft waren wir den ganzen Tag im Hof, tobten umher und spielten Federball. Da es später dunkel wurde und meine Mutter einen guten Blick auf uns hatte, war es auch nicht weiter schlimm, wenn wir länger unten saßen. Zudem passte es gerade, dass wir Sommerferien hatten. Eines Abends waren wir gerade stark damit beschäftigt „Fangen" zu spielen. Mein Zwillingsbruder rannte weg und ich musste versuchen ihn irgendwie wieder einzuholen, dabei kam es mir gerade gelegen, dass er ein T-Shirt anhatte, an dem ich ihn gut festhalten konnte. Ich bemerkte gar nicht, dass wir von einem Mädchen beobachtet wurden, dass sich auf einen der Sandhügel gesetzt hatte. Als ich gerade dabei war mein Bruder wieder an seinem T-Shirt festzuhalten, sah ich sie das erste Mal. Sie schaute, lächelte und fragte: >>Kann ich dir helfen?<<.
Etwas überrascht von ihrer Frage meinte ich zu ihr: >> Klar … <<. Sie freute sich sichtlich darüber, rannte zu uns und zog ebenfalls an dem T-Shirt von meinem Bruder. Eigentlich war ich immer sehr scheu und wollte nicht viel mit Anderen zu tun haben, aber bei diesem Mädchen war es anders. Nach fünf Minuten hatte ich das Gefühl, sie schon ewig zu kennen. Es gab keine Distanz, wir waren gleich wie gute Freunde. Auch mein Zwillingsbruder, der normalerweise auch etwas zurückhaltend war, nahm sie an, als wäre sie schon immer da gewesen. Sie war lieb, süß, und wie ich mitbekam, halbe Amerikanerin. Sie hatte hellblonde, schulterlange Haare und blaue Augen. Wir tobten den ganzen Abend herum, bis es

anfing zu dämmern. Es war jedoch so schön, dass wir noch keine Lust hatten, in die Wohnung zu gehen. Wir saßen auf der Mauer, die um den Hof herum gebaut war, und redeten. Es war ein unglaublich gutes Gefühl, dass ein Mensch, den man vorher nicht kannte, einem das Gefühl gab, als gehörten wir zusammen. Ich spürte, dass wir eine große Sympathie untereinander hatten. Als es dann dunkel war, rief ihre Mutter aus dem Treppenhaus: >> Kommst du bitte hoch … <<. Sie schaute uns an und zog die Augenbrauen nach oben, >> ja, ich komm gleich <<, antwortete sie ihrer Mutter genervt. Bevor wir alle wieder ins Haus gingen, verabredeten wir uns für den nächsten Tag.

Ausgepowert, aber total glücklich, dass wir so einen tollen Abend verbracht hatten, setzte ich mich am selben Abend noch mit meinem Zwillingsbruder zusammen und wir redeten über sie. Beide stellten wir fest, dass sie äußerst nett war, ich hatte sogar das Gefühl, dass mein Zwillingsbruder sie mehr als nur „nett" fand.

Die meiste Zeit der Sommerferien verbrachten wir mit ihr. Wir gingen gemeinsam spazieren, waren mal bei ihr und sie mal bei uns. Einmal machten wir sogar eine „Fotosession" mit unseren Teddybären. Wir setzten sie, in schöner Reihenfolge, nebeneinander und fotografierten sie. Einmal übernachtete sie sogar bei uns. Wir schauten an dem Abend „Es" an, ein Horrorfilm von Stephen King. In dem Alter war das schon ziemlich beängstigend, wenn der Clown die Kinder umbrachte. Alle saßen wir im Wohnzimmer, meine Mutter, mein großer Bruder, mein Zwillingsbruder, sie und ich. Immer wenn eine erschreckende Szene im Fernsehen kam, drückte sie sich das Kissen vor das Gesicht. Wir amüsierten uns darüber göttlich. Heute muss ich dazu sagen, dass ich es nicht empfehlenswert finde, wenn Kinder mit neun oder zehn solche Filme ansehen. Lange hatte ich, aufgrund von diesem Film, Probleme mit Abflüssen. Nur wer den Film kennt und ihn gesehen hat, kann verstehen warum. In einer Szene hört man ein Kind aus dem Abfluss rufen und danach tritt Blut aus dem Abfluss nach oben. Diese Szene hatte sich eingebrannt. Seltsamerweise hatte meine Mutter keine Probleme damit, uns solche Filme sehen zu lassen. Auch Krimis schauten wir zusammen an. Auch von den Filmen hatte ich als Kind noch lange Probleme. Konnte es nicht ertragen, wenn die Tür einen Spalt offen stand, da ich in einer Filmszene Augen durch den Türspalt blicken sah. Die Tür musste entweder ganz offen oder ganz geschlossen sein, sonst hatte ich Angst, es könne jemand durch den Türspalt blicken. Nachts hatte ich Probleme, auf die Toilette zu gehen, da ich dachte, der „Weiße Hai" oder Spinnen, wären unter meinem Bett. Daraus kann man schließen, dass ich keinem Kind solche Filme zeigen würde. In der Nacht schliefen sie im Zimmer von meinem Zwillingsbruder und mir. Sie in meinem Bett und ich im Bett meiner Mutter. Es war eine sehr aufregende Situation für alle, da vorher noch kein „Fremder" bei uns geschlafen hatte. In der letzten Woche der Sommerferien war ich gerade auf dem Weg zu meiner Oma. Einmal die Woche ging ich zu ihr, um ihre Haare auf Lockenwickler zu drehen oder sie zu tönen. Dafür bekam ich jedes Mal fünf Mark. Es machte mich stolz, dass ich so etwas machen durfte, immerhin war meiner Oma ihr Äußeres sehr wichtig und ich war noch ein Kind und hatte das auch nicht gelernt. Vorher hatte es immer meine Tante gemacht, da diese gelernte Frisörin war. Es war mir besonders wichtig, es so zu machen, dass sie zufrieden mit mir war und immerhin konnte ich etwas Geld damit verdienen.

Ich befand mich gerade auf der Hauptstraße in Richtung zu meiner Oma, als mir ein Mädchen hinterher rannte. >> Hey, warte mal ... <<, rief sie mir hinterher. Ich blieb stehen und drehte mich zu ihr um. >> Wohnst du dort in dem Haus? <<, fragte sie mich und zeigte in die Richtung, wo ich wohnte.

>> Ja, wohne ich <<, antwortete ich ihr zögernd.

>> Da wohn ich auch, ich bin Katharina <<, sagte sie mir

mit einem Lächeln im Gesicht. Sie reichte mir ihre Hand. Ich gab ihr ebenfalls die Hand und stellte mich ihr vor. Danach drehte sie um und verschwand wieder. Irgendwie war auch das eine sehr seltsame Begegnung, ich war überrascht, wie offensiv sie auf mich zuging und war gleichzeitig sehr erfreut, dass ich immer mehr nette Leute kennenlernen durfte. Ich schaffte es nicht mehr, sie zu vergessen, ich kannte solch eine Art bis dahin noch nicht. Sogar als ich an dem Tag bei meiner Oma war, musste ich die ganze Zeit an diese Szene denken und schmunzelte jedes Mal in mich hinein. Die würde ich auch gerne mal näher kennenlernen, dachte ich mir und überlegte, wie ich es den schaffen würde, eine Freundschaft aufzubauen. Bei Lina, der kleinen Halbamerikanerin, war es ja ganz einfach, ich musste nichts dazu beitragen, es ergab sich einfach. Wie schließt man theoretisch Freundschaften? Ich hatte zwar jetzt Lina, aber wie funktioniert das?

Zu meiner Freundin, bei der ich vorher immer war und in die sich mein großer Bruder verliebt hatte, hatte ich kaum noch Kontakt. Vielleicht beeinflusste ich das unterbewusst, um sie zu schützen. Ich wollte nicht mehr, dass sie mit meinem Bruder in Kontakt tritt.

Zurück zu Katharina. „Vielleicht bekomme ich Kontakt zu ihr, wenn ich einen Brief schreiben würde? Einfach nur so, wie es ihr geht und wer sie ist", überlegte ich.

Ich setzte mich hin und versuchte den perfekten Brief zu schreiben. Immer wieder las ich ihn durch, ob er auch so geworden war, wie ich es wollte. Nicht aufdringlich, aber auch nicht zu schüchtern, sauber geschrieben, damit man ihn auch lesen konnte. Immerhin war mir ein Satz meiner Mutter in guter Erinnerung geblieben: >> Deine Schrift kann doch keiner lesen, lass mich das besser schreiben<<. Als ich ihn fertig hatte, legte ich ihn vor die Haustür ihrer Familie, klingelte und verschwand wieder in meiner Wohnung. Ich hatte echt schlimmes Herzklopfen, irgendwie war es spannend und aufregend. Diese Aktion hatte Erfolg, kurze

Zeit darauf, klingelte es an unserer Haustür und sie reichte mir einen Brief zurück. In dem Brief hatte sie geschrieben, dass sie dreizehn wäre, zwei Brüder hatte und auf die Realschule gehen würde. Ich war überglücklich, dass sie überhaupt geantwortet hatte und sah eine gute Freundschaft auf mich zukommen. Es machte mir sogar soviel Spaß, dass ich ihr immer wieder schrieb. Was man kaum glauben mag, je mehr Briefe ich ihr schrieb, umso schwerer fiel es mir, normal mit ihr zu sprechen. Alles was ich wissen wollte, schrieb ich ihr auf einen Zettel. Heute würde man darüber lachen, aber ich konnte die einfachsten Dinge nicht fragen. Ich traute mich nicht. Zudem kam, dass es mir lieber war, wenn sie mir die Antwort ebenfalls auf Papier schrieb. Möglicherweise hatte ich so Angst abgelehnt zu werden, kritisiert zu werden, wie ich war, wie ich mich verhielt und deshalb nicht gemocht zu werden, dass ich meine Persönlichkeit hinter Zetteln versteckte. Es war behutsamer alles über Zettel zu machen, als es auszusprechen oder zu fragen, was ich wissen wollte. Ich sah vorher schon die Reaktion in dem Gesicht und konnte mir somit ausmalen, dass die Antwort wohl nicht schlimm werden würde. Ich dachte zudem, wenn sie merken würde, wie ich war, würde sie mich so nicht mehr mögen. Ich hasste es, aber ich konnte es die erste Zeit nicht ändern.

Die Freude, dass ich eine „Brieffreundin", so würde ich das heute mal nennen, gefunden hatte, blieb nicht lange. Natürlich bekam auch mein älterer Bruder mit, dass ich mich gut mit Katharina verstand, und ließ es sich nicht nehmen, sich wieder komplett einzumischen. Auch sie war hübsch, hatte lange Haare, die sie immer zu einem Zopf gebunden hatte, schlank und selbstbewusst. >> Hey, hast du eine neue Freundin? <<, fragte er mich eines Tages mit einem hämischen Grinsen im Gesicht.

>>Ja, die wohnt im Haus und ist das schlimm? <<, fragte ich.

>> Ne gar nicht, ich finde sie auch total geil. Vielleicht

könnte man mal zu dritt was machen oder du lädst sie mal ein. Dann können wir einen Film schauen, eine Fahrradtour machen oder was sie gern mag <<, antwortete er mir mit einem mir doch zu bekannten Blick.

>> Ich glaube nicht, dass sie das will … <<, sagte ich ihm skeptisch und unterbrach damit unser Gespräch. Das Karussell in meinem Kopf begann sich wieder im Kreis zu drehen. Ekel und Wut überkamen mich. Ich verzog mich in mein Zimmer und überlegte, wie ich es schaffen könnte, Kontakt zu ihr zu halten, ohne dass sie näher mit meinem Bruder zu tun haben musste. Es war wieder da: Das Gefühl, sie vor ihm schützen zu müssen. Er durfte sie nicht so betrachten, nicht so sehen, mir nicht wegnehmen. Sie nicht beschmutzen und in seine sexuellen Fantasien mit einbeziehen. Immer wenn ich ihr mal wieder einen Brief schrieb, versuchte ich es vor meinem Bruder zu verheimlichen. Wenn er mich fragte, wie es mit unserer Freundschaft aussah, gab ich ihm keine konkrete Antwort darauf oder meinte, dass ich kaum noch Kontakt zu ihr hätte.

16. Kapitel

Nachdem ich mich auch manchmal bei ihr aufhielt, lernte ich auch ihre zwei Brüder kennen. Der eine Ronny war schon 17, war dabei eine Ausbildung zu machen. Er war sehr nett zu mir, hatte kurz rasierte Haare und ein Pony, welches er immer wieder in verschiedenen Farben trug, mal grün, mal rot. Er war ein sehr großer Kerl um die 1,90 m. Der andere Bruder, Stefan, war ein Jahr jünger als ich, sah ähnlich aus, wie sein großer Bruder und war ziemlich aufmüpfig für sein Alter. Wie man es sich vorstellen konnte, war ich recht zurückhaltend zu den beiden. Jedenfalls am Anfang. Da sich aber mein Zwillingsbruder mit Stefan anfreundete, hatte ich auch öfters etwas mit ihm zu tun. Er war auch kein großes Problem für mich, er war jünger und stellte für mich nicht die gleiche Gefahr dar, wie sein Bruder Ronny. Das Haus war ja allgemein sehr ruhig, bis auf die russische Familie über uns. Doch Ronny und seine Kumpels hörte man immer. Wenn nicht gerade Techno aus den Zimmern hallte, hörte man Ronny mit seinen Kumpels gröhlen. Sie waren eine Clique von der Sorte, wo ich mein Kind heute besser fernhalten würde. Sie rauchten, tranken Alkohol, feierten unentwegt, waren laut, frech und hatten dazu noch diverse ausländerfeindliche Sprüche auf Lager. Da die Mutter alleinerziehend und im Nachtdienst tätig war, hatte sie nicht immer die beste Kontrolle auf dass, was ihr Kinder so trieben, wenn sie schlief oder arbeiten war. Ich hielt mich immer öfter bei Katharina auf. Obwohl ich zu Anfang großen Respekt vor all den älteren Kerlen hatte, waren sie mir irgendwann so bekannt, dass ich es einfach akzeptierte, dass sie da waren, wenn ich auch da war. Teilweise gelang es mir sogar etwas Vertrauen zu fassen und ließ mich auf eine kurze Konversation mit ihnen ein. Irgendwie fühlte ich mich aufgehoben, erwachsen und angenommen, auch wenn ich immer sehr wenig von mir preisgab und für die natürlich ein „Kind" war. Irgendwann fing ich auch wieder an zu rauchen. Ich musste ja irgendetwas tun, um so zu sein, wie sie es waren. Das erste Mal zog ich meinen Rauch richtig in die Lunge, sodass mir total übel wurde. Es hielt mich jedoch nicht davon ab, es regelmäßig zu tun, jedenfalls, wenn ich mich dort in der Wohnung befand.

Meine Mutter interessierte es nicht, was ich dort trieb. Sie hatte irgendwie mitbekommen, dass ich mich gut mit Katharina verstand und mich deshalb auch diverse Male bei ihr aufhielt. Das Einzige was sie manchmal dazu sagte war: >> Scheiß Ossis, die könnten die Mauer ruhig wieder aufstellen <<.

Inzwischen kamen mein Zwillingsbruder und ich auf die Schule im nächsten Ort. Da sich bei uns im Ort nur eine Grundschule befand, mussten wir danach auf die Schule in der nächsten Ortschaft. Es war eine Grund – und Hauptschule. Ich beneidete die Kinder, die nicht mit einer neuen Klasse zusammengeführt werden mussten, wenn sie die Grundschule verließen.

Da ich aber immer mein Zwillingsbruder bei mir hatte und auch ein paare Leute von unserer alten Grundschulklasse dabei waren, schaffte ich es den schwierigen Anfang der fünften Klasse gut hinter mich zu bringen. Mein Bruder war zwar immer noch mein einziger Kontakt in der Klasse, aber wenn er da war, fühlte ich mich sicher und hatte auch kein Interesse an anderen Mitschülern. Meine damalige beste Freundin, mit der ich mich in der Grundschulzeit angefreundet hatte, kam in die Parallelklasse, somit befand sie sich für mich in einer anderen Welt. Klasse a und b verhielten sich ein wenig wie Konkurrenten. Wer ist die bessere, coolere Klasse, wer hat die besseren Lehrer und wer die meisten Freunde. Ich wollte mit dem Quatsch nichts zu tun haben, verstand auch nicht, wie man plötzlich so verfeindet sein konnte, nur weil man andere Lehrer hatte. Plötzlich ging man verschieden Wege. Manche fühlten sich besonders erwachsen, bemerkten jedoch nicht, dass sie es noch nicht waren. Mit elf Jahren kann man nicht erwachsen sein. Vieles drehte sich um Coolness, der Kleidungsstil veränderte sich, die Mädchen sprachen das erste Mal interessiert über Jungs und die Jungs schauten die Mädchen mit anderen Augen an. Nicht alle waren immer gleich auf. Manche blieben noch sehr lange Kind, andere versuchten mit Gewalt, erwachsen zu wirken. Für mich war das eine schreckliche Zeit. Ich trug nur noch extrem weite Pullis, um zu verdecken, dass ich auch langsam aber sicher älter wurde. Es war zwar nur ein Ansatz der Brust zu erkennen, aber ich wollte auf keinen Fall, dass man das sehen konnte. Der Körper verändert sich und man möchte gar nicht, dass es andere mitbekommen.

Natürlich blieb das auch meinem älteren Bruder nicht unentdeckt, dass ich mich veränderte. Ich war ganz und gar noch keine Frau, ich war ein Kind mit elf Jahren, welches einen kleinen Brustansatz hatte und wahrlich noch nicht darüber nachdachte, wie sie die Haare an ihren Beinen entfernen sollte.

Mein Bruder verlangte weiterhin sexuelle Aktionen von mir. Jedoch veränderte sich etwas. Meine Scham mich auszuziehen war größer geworden, seine Vorsicht mir gegenüber ebenfalls. Er erklärte mir, dass es ihm lieber wäre, wenn er Kondome benutzen würde. Erklärte mir genau, wie es zu machen war. Er zeigte mir verschieden Arten von Sorten, erklärte mir, wofür das Eine oder Andere besser wäre. Für mich machte das keinen Unterschied, ob er wollte, dass ich ihm ein Kondom drüber machte oder nicht. Es war trotzdem das Gleiche wie vorher, wenn er nicht irgendwann auf eine Idee gekommen wäre:

>> Leg dich mal hin, ich will mal was versuchen <<, meinte er zu mir. Ich wollte eigentlich nicht, weil er mir nicht sagte, was er denn vorhatte. Normalerweise war der Akt so, dass er auf dem Rücken lag und ich neben ihm saß. Jetzt sollte ich mich hinlegen, traute mich jedoch nicht mich dagegen zu wehren. >> Ich mach dir nichts, will nur mal was versuchen

86

<<, sagte er. Der Satz „Ich mach dir nichts", sollte wohl ein Witz sein. Ich legte mich auf den Rücken und beobachtete genau, was er tat. Er lehnte sich über mich und versuchte in mich einzudringen. Ich erschrak so dermaßen, dass ich meine Knie zusammenpresste und sagte, er solle damit aufhören, weil er mir wehtun würde. Er lächelte mich an und meinte: >> OK, dann bist du noch nicht soweit, dann müssen wir halt so weiter
machen <<. Ich war schockiert, erschrocken und voller Angst. Das erste Mal hatte er, mit dem was er tat, mir körperlich wehgetan. Ich kam in eine Situation, in der ich fast keine Kontrolle mehr über das hatte, was er tat. Er wollte tatsächlich mit mir richtig Sex haben. Ich aber konnte und wollte mir das nicht vorstellen.
>> Leg dich mal auf den Boden und mach die Beine auseinander <<, meinte er dann zu mir.
>> Aber nicht dass du mir wieder weh machst <<, sagte ich ihm ängstlich. >> Ne, ich würde dich gern mal fotografieren, dann hab ich was, das ich ansehen kann und brauch dich dann nicht mehr so oft <<, meinte er zu mir. Sollte das etwas Gutes sein? Hieß das, dass er mich jetzt in Ruhe lassen würde? Ich legte mich auf den Boden, spreizte die Beine und kniff die Augen zu, während er zwei Bilder mit der Polaroidkamera schoss. Übelkeit schoss in mir hoch, Panikattacken, Hilflosigkeit, Durst. Ich musste das Gefühl herunterspülen. Mit eiskaltem Wasser schluckte ich die Übelkeit, die Panik herunter, atmete durch und versuchte wenigstens über das Gefühl die Kontrolle zu bekommen. Das kann nicht so weitergehen, dachte ich mir. Was mach ich da eigentlich? Das ist ja widerlich, du bist widerlich, hör doch einfach auf damit. Männer sind widerlich. Meine Gedanken überschlugen sich, mein ganzes Inneres sträubte sich gegen dass, was ich machte, was ich machen sollte, wenn er mich anfasste.
Ich hatte das Gefühl, mich komplett zu verlieren. Wenn man mich damals gefragt hätte, welche Persönlichkeit ich habe

würde, hätte ich es nicht beantworten können. Was ich mochte, was nicht, was ich gut fand, was ich unterstützte, was ich vertritt, was ich verabscheute, wie ich sein wollte und wie nicht. Wer ich war und wer nicht.

Ich brauchte etwas, dass mich hält, ein Platz, wo ich meine Persönlichkeit entdecken und entwickeln konnte.

17. Kapitel

Ich sah Katharina, Ronny und seine Kumpels, als genau den Ort an, an dem ich das konnte. Wenn ich mich wieder in unserer Wohnung befand, versuchte ich meine Persönlichkeit mitzunehmen, indem ich, wenn meine Mutter arbeitete, heimlich auf dem Balkon rauchte. Ich empfand das Rauchen, als einen neuen Teil von mir, der mich zu einer Persönlichkeit machen könnte. Ein Stück Freiheit, dass zu tun, wonach mir war und es selbst entscheiden zu dürfen. Mein Zwillingsbruder war in mein kleines Geheimnis eingeweiht und ließ es sich nicht nehmen, ab und an mal eine Zigarette mitzurauchen. Als wir gerade auf dem Balkon, in der Sonne standen und den Rauch der Zigarette genüsslich in uns aufnahmen, hörten wir, wie meine Mutter ins Wohnzimmer. Sie kam auf den Balkon und sah, wie ich die Zigarette wegwarf, dabei den Aschenbecher noch in der Hand hielt. Völlig erschrocken sahen wir unsere Mutter an. Sie grinste und meinte: >> Was macht ihr denn da? <<. Mein Bruder und ich waren so geschockt, dass wir keine Antwort darauf hatten. Der Blick meiner Mutter änderte sich rasch. Ich spürte, wie es zu einer gefährlichen Situation kam und rannte an ihr vorbei in Richtung meines Zimmers. Meine Mutter folgte mir wütend und mit schnellen, harten Schritten. Ich drehte mich zu ihr um und setzte mich auf mein Bett, während sie anfing, mit der Hand auf meinen Körper zu schlagen. Ich kauerte mich auf dem Bett zusammen, während sie weiter schlug und schimpfte. Ich versuchte mein Gesicht zu schützen, indem ich meine Arme davor hob. Ohne es bewusst wahrzunehmen, trat ich sie mit einem Bein in den Magen. Dann hörte sie auf. Ohne einen Ton verließ sie das Zimmer. Ich konnte nicht anders, als einfach nur zu heulen.
Dieses Ereignis blieb ohne Kommentar. Weder meine Mutter noch ich sprachen über das Rauchen. Bei meiner „Ersatzfamilie" rauchte ich jedoch trotzdem heimlich weiter.

Inzwischen war mir ein Mädchen aus meiner Parallelklasse besonders aufgefallen. Sie war eine wunderschöne Türkin, Gülsen, hatte lange schwarze Haare und braunschwarze Augen. Ich merkte, als ich sie das erste Mal sah, dass ich etwas für sie empfand, was ich so noch nicht kannte. Wenn ich sie sah, schlug mir mein Herz bin zum Hals, ich freute mich auf jeden Sportunterricht, den wir mit der Parallelklasse gemeinsam hatten, und fürchtete mich gleichzeitig davor, sie wieder zu sehen. Ich beobachtete sie heimlich, wenn sie es nicht sah, und wollte am liebsten alles von ihr wissen. Obwohl mich das Gefühl verwunderte, war es nicht sonderlich überraschend, dass ich es für sie empfand. Natürlich erzählte ich davon erstmal niemandem, nur mein Zwillingsbruder wusste, dass ich sie besonders gerne mochte. Auch für ihn war es kein Thema, über dass man hätte sprechen müssen, weil sie ja ein Mädchen war. Und schwärmen kann man ja nun mal für jeden, dachte ich mir. Um ehrlich zu sein, ich hätte mir nie vorstellen können, jemals eine Beziehung zu einem Mann führen zu können. Der Geruch und die Art der Kerle hatten mich schon immer auf Abstand gehalten. Doch über eine Beziehung dachte ich sowieso noch nicht nach, ich war einfach nur glücklich mit dem Gefühl, welches ich dem Mädchen gegenüber hatte. Ich behielt jedoch immer große Distanz zu ihr. Heimlich fand ich heraus, dass sie bei mir im Ort wohnte. Ich dachte, wenn sie mir zu Nahe kommen würde, könne sie meine Gefühle erkennen und erschrecken, darum himmelte ich sie nur aus der Ferne an.

Meine Gefühle hielt ich in meinem Tagebuch fest. Ich dachte ständig sie an, hatte Sehnsucht nach ihr, ihrer Stimme, ihrem Lachen. Ich war das erste Mal richtig verliebt. Und wenn es mir besonders schlecht ging, träumte ich sie mir herbei. Leider konnte ich genau solche Dinge immer nur ganz schwer verheimlichen. Wenn man mich ansprach, warum ich denn immer nur von Gülsen erzählen würde, wurde ich rot und man sah es mir regelrecht an, dass ich verliebt war. So bekam es auch mein älterer Bruder mit. Er kannte die türkische Familie noch aus der Zeit, als er zu der gleichen Schule ging. Gülsen hatte einige Schwestern und Brüder, daher kam man gar nicht darum herum, einen der Familie näher zu kennen. Obwohl ich meinem Bruder nie etwas genau über Gülsen gesagt hatte, wusste er, was Sache war.

>> Bist du in die verknallt? <<, kam irgendwann die Frage von ihm.

>> Ach, ähm, ne, ich finde die ist nett … <<, war meine, doch sehr unglaubwürdige, Antwort darauf.

>> Du weißt schon, dass Türken immer Knoblauch fressen und hier eigentlich nichts verloren haben <<, sagte er zu mir. Zu diesen Aussagen konnte ich keine Antwort geben. Was sollte das? War er eifersüchtig? Wollte er mich ärgern? Ich ließ es nicht an mich herankommen, doch wenn ich alleine war, trafen mich diese Sätze wie ein Pfeil.

Oft kam es vor, wenn ich mit meiner Familie am Tisch saß und wir zu Abend aßen, dass er genau damit wieder anfing:

>> Wer war die, die du so toll findest? Gü-gü-gü … ? <<. Ich schaute ihm kommentarlos scharf in die Augen und blickte danach zu meiner Mutter rüber, die neben mir saß. Zum Glück war meine Mutter so mit sich selbst beschäftigt, dass sie gar nicht mitbekam, um was es sich überhaupt drehte. Mein Bruder grinste mich hämisch an, ich verdrehte die Augen und versuchte weiter zu essen.

Immer wieder kam es zu genau diesen Szenarien, ich kann mir nicht erklären, was der Sinn darin war. Bloßstellung? Etwas über mich zu wissen, womit er mich hätte erpressen können. Ich habe heute keine Zweifel daran, dass er mitbekommen hatte, dass ich nichts von Männern wissen wollte und er dieses Wissen für sich benutzen konnte, um mich in der Hand zu haben.

Meine Mutter hat von all dem nie etwas mitbekommen, vielleicht wollte sie es auch nicht. Sie war in ihrer eigenen Welt, sah und hörte uns nicht.

Es war ihr egal, mit wem ich Kontakt hatte und wer mir

wichtig war.

18. Kapitel

Eines Mittags bemerkte ich etwas, was mich regelrecht aus
der Bahn warf. Als ich zur Toilette ging, sah ich, dass ich
blutete. Plötzlich schossen mir die Erklärungen meines
Bruders wieder in den Kopf: „Irgendwann wirst du mal
bluten … Dann musst du mir das sagen … Dann bist du
eine Frau … Dann kannst du schwanger werden …"
Niemals könnte ich ihm das sagen, dachte ich mir. Ich war so
erschrocken, dass ich mich auf den Balkon verkroch, um
nachzudenken. Werde ich jetzt immer bluten? Kann ich nicht
mehr ohne diese blöden Einlagen leben? Warum jetzt? Ich
bin doch noch so jung? Hätte das nicht noch ein wenig
wegbleiben können? Egal welche Fragen ich mir auch immer
stellte, ich musste diese Situation erst einmal für mich
verarbeiten. Wie sollte ich ihm dass denn nur sagen? Ganz
davon abgesehen, dass ich sowieso mit dieser fraulichen
Sache total überfordert war. Ständig ging ich zur Toilette, um
nachzusehen, ob noch alles in Ordnung war. Da es Samstag
war, hoffte ich, dass die Blutungen am Montag, wenn ich zur
Schule musste, wieder vorbei wären. Ich konnte ja nicht
ständig aus dem Unterricht laufen, um nachzusehen, ob alles
„seinen richtigen Gang lief".
Einen Tag später musste ich mir über etwas ganz anderes
Gedanken machen …
>> Komm, Mutter ist grad nicht da …, <<, sagte mein
Bruder zu mir.
>> Ich glaube ich kann das heute nicht <<, antwortete ich
ihm mit Tränen in den Augen.
>> Klar kannst du, warum sollte es denn nicht gehen? <<,
fragte er mich, schon fast verständnisvoll.
>> Ich will mich aber heute nicht ausziehen <<, sagte ich
ihm.

>> Warum denn nicht? Hast du deine Tage oder was? <<, meinte er zu mir. Beschämt sah ich auf den Boden und wusste darauf keine Antwort. Es war, als habe er es mir in meinen Augen angesehen, dass etwas nicht so stimmte, wie es bisher war.

Irgendwie hatte er es raus, mir genau diese Dinge anzusehen, die ich ihm nicht preisgeben wollte. Nicht nur, dass er mir ansah, dass ich Gülsen sehr mochte, sondern auch, dass ich mich distanzierte und es dafür einen Grund geben musste.

>> Ha von mir aus, dann ziehst du dich halt aus und lässt die Unterhose an <<, antwortete er auf mein Schweigen.

Die ganzen Jahre hatte ich getan, was er wollte, doch das erste Mal schämte ich mich so sehr, dass ich mich fast übergeben musste. Wenn er festgestellt hätte, dass ich meine Tage hatte, wäre ich vor Scham im Erdboden versunken. Ich war so froh, als dieser Akt ein Ende gefunden hatte.

Als ich wieder zurück in meinem Zimmer war, schwor ich mir, dass ich das nie wieder machen würde. Es war so schlimm, dass ich für mich ein Ende setzen musste, egal was passieren würde.

Bisher war mir noch nicht bewusst, dass es sich mit dem was mein Bruder tat, um eine Straftat handelte. Es war so normal geworden, dass es für mich dazugehörte. Der innere Druck in mir wurde jedoch mit jedem Mal größer und ich hatte das Gefühl laut schreien zu wollen.

Um mich aus meinem Gedankenkarussell zu befreien, hörte ich des Öfteren laut Musik und musste dabei feststellen, dass das was er mit mir tat nicht im geringsten Normal war. Es lief gerade ein Lied, welches einen deutschen Text hatte. In diesem Lied ging es um ein kleines Mädchen, welches von ihrem Vater nachts missbraucht wurde. Ich saß auf meinem Bett, als mir plötzlich die Tränen herunter liefen. >> Das war Missbrauch <<, flüsterte ich vor mich hin. Das Lied erklärte genau, was ich fühlte, wie es war und was geschah. Ich war so erschrocken, dass ich jetzt eine von denen war, denen so etwas passiert war. In meinem Kopf kreisten die

Gedanken: „Ich will aber nicht, dass es so ist … Ich will nicht Opfer sein … Ich will nicht, dass mir das passiert ist … „ Ich bekam eine große Wut auf meinen Bruder, er schien mir nicht die Wahrheit gesagt zu haben, als er meinte, dass dieser Akt zwischen Schwester und Bruder normal wäre. Das Lied hörte ich den ganzen Tag, immer wieder brannte der Text auf meiner Seele und fügte mir schon fast körperliche Schmerzen zu. Ich brauchte etwas Zeit, um die Worte, die in diesem Text gesungen wurden, für mich zu verarbeiten und wieder die Tränen aus dem Gesicht zu wischen, um so zu tun, als wäre alles in Ordnung.

Der Kontakt zu Lina wurde mit der Zeit oberflächlicher. Inzwischen hatte sie neue Freunde aus der Schule kennengelernt und hatte daher kaum noch Zeit für mich. Ab und zu legte ich ihr einen Brief vor die Tür, um nachzufragen, wie es ihr den gehen würde und was sie so machte. Sie gab sich große Mühe, mir immer zeitnah eine Antwort zu geben, jedoch hatte ich das Gefühl, dass wir unterschiedliche Wege gehen würden. Immer wieder stellte ich ihr die gleichen Fragen: „Magst du mich noch? Bist du mir böse? Habe ich etwas falsch gemacht?" Manchmal schreib sie mir: „Ich habe gerade leider keine Zeit, um dir ausführlich zu antworten, treffe mich mit einer Freundin, melde mich, wenn ich mehr Zeit habe." Ich fühlte mich dadurch fürchterlich zurückgesetzt und hatte immer mehr das Gefühl, sie nicht als meine Freundin halten zu können. An manchen Tagen war das Gefühl so stark, dass ich richtig wütend auf sie war. Nicht weil sie etwas getan hatte, was nicht richtig gewesen wäre, ich konnte nur den Gedanken nicht ertragen, sie verlieren zu müssen. Immerhin war sie, außer Katharina, ein Mensch, dem ich mich sehr Nahe fühlte. Wenn mein Zorn zu groß wurde, machte ich ihr Vorwürfe: „Sie würde sich nicht mehr für mich interessieren, ich wäre ihr egal und sie solle doch machen, was sie wollte". Für mich war es wie ein Stoß, wenn sie mir mitteilte, dass sie keine Zeit haben würde. Vielleicht machte ich ihr Vorwürfe, um die Gefühle von Angst und Traurigkeit in Wut umzuwandeln. Irgendwie konnte ich dieses Gefühl besser ertragen. Ich fühlte mich dabei nicht so ausgeliefert und hatte die Möglichkeit es teilweise zu kontrollieren. Wenn ich traurig war, konnte ich das nicht.

Oft kam in mir der Gedanke hoch, dass ich ihr noch gerne soviel von mir erzählen würde. Alles was mich beschäftigte, was mich zu einem anderen Menschen machte, als es die anderen alle waren.

Damit ich mich nicht immer mit dem beschäftigen musste, was mein großer Bruder mit mir getan hatte, steigerte ich mich immer mehr in die Verliebtheit zur Gülsen hinein. Sie war für mich schon eine göttliche Person geworden. Ich verehrte sie, wie ich es bisher nicht kannte. Wenn ich in der Schule war und sie sah, hatte ich das Gefühl glücklich zu sein. Ich spürte Leichtigkeit, Freiheit, war aber trotzdem unglücklich, weil ich wusste, dass es nun mal nicht ganz normal war, sich in ein Mädchen zu verlieben. Ab und zu hörte ich solche Wörter wie „lesbisch", „schwul" oder „bi", aus den Medien. Sogar im Biologiebuch unserer Schule standen Erklärungen dazu. So kam ich irgendwann zu dem Entschluss, dass ich wohl lesbisch sein würde. Immerhin war ich ein Mädchen und war in ein Mädchen verliebt. Irgendwie war es, als würde man einen Stempel aufgedrückt bekommen: „Lesbisch, nicht lesbisch, schwul, nicht schwul, bi oder doch hetero". Jetzt war ich auch noch anders herum, dachte ich mir manchmal. Es war klar, dass ich damit nicht hausieren gehen konnte, obwohl ich oftmals das Gefühl hatte, dass es weniger mein Problem war, als dass der Menschen um mich herum. Gerne hätte ich es jedem erzählt, wie sehr ich Gülsen mag, doch getraut habe ich mich das doch nicht.

19. Kapitel

Der Drang es aber doch jemandem sagen zu wollen, wurde irgendwann so groß, dass ich überlegte, wem ich das am besten sagen könnte. Mir fiel in dem Moment nur Lina ein. Sie war nicht mit mir auf der gleichen Schule, konnte es also auch nicht groß herum erzählen. Zudem hielt ich sie in ihrer ganzen Art als recht offen. Katharina wollte ich das nicht sagen, sie war älter und hätte mir vielleicht die Hölle heißgemacht, wenn ich ihr so was erzählt hätte. Das dachte ich jedenfalls.

Um es Lina möglichst schonend beizubringen, ging natürlich wieder alles über Briefchen. Ich schrieb ihr: „Ich muss dir was sagen, ich bin le …" Natürlich konnte sie mit dieser Andeutung nichts anfangen. So ging es immer wieder hin und her. Zuletzt schrieb ich ihr: „Les … und am Schluss sch …" Das war das höchste der Gefühle, was ich ihr dazu schreiben konnte. Plötzlich bekam ich es dann doch mit der Angst zu tun und wünschte mir, ich hätte nie damit angefangen. Als ich ihr dann diesen letzten Zettel in die Hand drückte, schaute sie mich an, lächelte und fragte: >> Heißt das les … b …? <<, erschrocken sah ich sie an und rannte das Treppenhaus hinunter in den Hof. Ich hatte Angst in ihr Gesicht sehen zu müssen, während ich ihr das beichtete. Innerlich stellte ich mich auch darauf ein, dass ich sie jetzt nicht mehr als Freundin haben würde. Am liebsten hätte ich mich im Hof in irgendeiner Ecke versteckt, jedoch musste ich das gar nicht, da sie mir gar nicht gefolgt war. Das bestätigte mich in der Annahme, dass sie nichts mehr mit mir zu tun haben wolle, nachdem sie jetzt wusste, dass ich anders war.

Als ich mich etwas beruhigt hatte und feststellte, dass sie mir nicht gefolgt war, schlich ich mich zurück ins Treppenhaus, um in die Wohnung zu flüchten. Ich hatte solche Angst, dass mein Herz bis zum Hals schlug und sich alles in meinem Kopf drehte. Wie gerne hätte ich es einfach für mich behalten, dann hätte ich jetzt nicht solche Angst, sie zu verlieren oder das Gefühl, ihr nie wieder in die Augen sehen zu können.

Einige Zeit später flatterte ein Briefchen von ihr bei mir vor die Haustür. „Wenn es das ist, was ich meine, dann ist es nicht schlimm …", schreib sie in dem Brief. In dem Moment hatte ich das Gefühl, sie für immer für diese Aussage zu lieben. Sie nahm mir einen Berg von Gefühlen von der Brust und machte mir klar, warum ich sie auf keinen Fall verlieren wollte.

Nachdem sie das so aufgefasst hatte, konnte ich gleich von Gülsen schreiben. Sie war auch nicht erschrocken, wie ich es vermutete, sondern versuchte mir Ratschläge zu geben, wie ich mich ihr gegenüber verhalten könnte und wie ich mit den Gefühlen besser zurechtkommen würde. Es war, als wäre es bisher kein Geheimnis gewesen. Ich fühlte mich so erleichtert, dass erste Mal, dass ich jemandem von meiner Verliebtheit erzählen konnte. Natürlich, habe ich es vor meinem Zwillingsbruder nicht verheimlich, aber richtig zu schwärmen, hatte ich mich auch nicht getraut.

20. Kapitel

Längere Zeit hatte sich mein großer Bruder von mir ferngehalten, inzwischen war ich zwölf. Vielleicht hatte er seit dem letzten Mal die Lust daran verloren. Das hoffte ich. Möglichweise lag es aber daran, dass er gerade seinen Führerschein bestanden hatte und sehr oft mit dem Auto unterwegs war. Manchmal plante er richtige Unternehmungen mit meiner Mutter, meinem Zwillingsbruder und mir. Da meine Mutter nie so etwas mit uns unternahm, sah er es vielleicht als seine Pflicht an, den Vater ein wenig zu ersetzen und den erwachsenen, reisefreudigen, planfähigen Part bei uns zu übernehmen. Meine Muter war dazu nie in der Lage. Nach einem kleinen Wochenendtrip, mit neun Jahren, sollte das auch das letzte Mal gewesen sein. Später erst habe ich erfahren, dass sie unter Angstattacken litt. Sie traute sich einfach nicht, längere Strecken mit dem Auto zu fahren. Zudem hatte sie nur wenig Geld, um große Reisen mit uns zu veranstalten. Ich selbst hatte immer größere Sehnsucht einmal weiter wegzufahren, Urlaub zu machen, andere Luft zu schnappen. Da kam es mir gerade Recht, dass wir, für eine Woche, einen Schulausflug in den Norden machten. Da ich mich bisher extrem an meinen Zwillingsbruder gekettet hatte, hatte ich große Angst vor diesem Schulausflug. Ich konnte ja auch nicht mit ihm auf einem Zimmer sein. Es blieb mir also gar nichts anderes übrig, als mich mit ein paar Mädchen aus meiner Klasse näher einzulassen. Und es war gar nicht so schlimm, wie ich immer dachte. Die ersten zwei Tage war es sehr schwierig für mich, die innerliche Einsamkeit, die ich verspürte, wenn mein Bruder nicht in meiner Nähe war, auszuhalten. Mit der Zeit ging es aber immer besser. Ich hatte zwei, drei Mädchen, mit denen ich gut reden konnte und mit denen es Spaß machte, Unfug zu treiben. Heute würde ich behaupten, dass es eine sehr wichtige Erfahrung für mich war. Nicht immer bei meinem Zwillingsbruder in der Nähe sein zu müssen, um glücklich sein zu können, Vertrautheit zu empfinden oder Spaß zu haben. Ich stellte fest, dass die anderen Mädchen nicht viel anders waren, als ich. Und man sprach über ganz andere Dinge, als man es mit seinem Bruder machte.

Manche waren verliebt, hatten Liebeskummer oder Probleme mit der Familie. Es war für mich eine ganz neue Erfahrung, dass sie mich gar nicht wie jemand behandelten, der anders war. Anders, wie ich mich immer gefühlt hatte.

Der Schulausflug stellte sich als irrsinnig interessant heraus. Nicht nur, dass ich bemerkte, dass andere, aus meiner Klasse, auch ganz nett sein konnten, sondern auch wegen der Erlebnisse dort. Es war das allererste Mal, dass ich das Meer sah. Ich glaube es war auch das allererste Mal, dass ich mir einen Sonnenbrand auf der Nase holte. Es war wirklich sehr schön. Wir unternahmen als Klasse sehr viel. Ich konnte das erste Mal auf einem großen Schiff fahren und erlebte meinen ersten Orkan.

So gut ich mich auch mit manchen Mädchen aus meiner Klasse verstand, ich konnte und wollte nie über meine Familie reden. Es machte Spaß Unfug mit den Jungs zu treiben und andere Mädchen wegen deren Liebeskummer zu trösten, aber selbst habe ich nichts von mir erzählt.

Ich hatte schon fast vergessen, dass ich zu Hause wieder mit dem konfrontiert werden könnte, was ich so tapfer verdrängt hatte. Die Überzeugung, dass mein großer Bruder mich vergessen hatte oder besser, dass was er mit mir tat, wurde mir bald genommen.

Zu Hause im Wohnzimmer kam er auf mich zu und hatte diesen „sexuellen" Blick drauf. Ich hatte es im Gefühl, zu wissen, was er wollte. Innerlich schnürte sich mir schon die Kehle zu, weil ich an das denken musste, was ich mir vorgenommen hatte: „Nie mehr wirst du das machen."

>> Kommst du mit ins Zimmer? <<, fragte er mich und zwinkerte mit seinem Auge.

>> Ne ich will nicht <<, sagte ich ihm, während meine

Hände anfingen zu zittern.

>> Wie du willst nicht? <<, fragte er überrascht.

>> Ich will nicht und ich mach es auch nicht mehr, wenn du mich nicht in Ruhe lässt, sag ich alles der Mama … <<, sagte ich ihm, während ich mich hinter den Sessel im Wohnzimmer stellte.

>> Ich glaub du spinnst so langsam, ich sag dann auch mal was der Mutter,
dass du anders herum bist <<, meinte er zornig zu mir.

>> Ja, dann sag es ihr, ich mach das nicht
mehr … <<, sagte ich eisern zu ihm.

Huschte mit großem Abstand an ihm vorbei und schloss mich in mein Zimmer ein. Ohne einen weiteren Kommentar von sich zu geben, verließ er ebenfalls das Wohnzimmer. Gerne hätte ich gewusst, was er in dem Moment gedacht hatte. Hatte er es mit der Angst zu tun bekommen? War er schockiert über meine Willensstärke? Obwohl ich stolz auf mich war und die Hoffnung hatte, dass ich das nie wieder machen musste, hatte ich fürchterliche Angst, was nun passieren würde. Ich wusste, dass ich es nicht meiner Mutter sagen würde, aber vielleicht wusste er es nicht. Es war meine Art ihn zu erpressen. Ich wollte natürlich auch nicht, dass er meiner Mutter sagen würde, dass ich lesbisch war, aber ich glaubte an meinen gesunden Menschenverstand und der sagte mir, dass so ein Thema bei uns nie auf den Tisch kommen würde.

Das Verhältnis zu meinem großen Bruder litt sehr unter der von mir beschlossenen Abgrenzung ihm gegenüber. Das „gute Verhältnis", welches wir noch vor zwei, drei Jahren hatten, da ich alles tat, was er wollte, war verschwunden. Wenn wir aneinander vorbeiliefen, schaute ich auf den Boden und hoffte, dass er nichts sagen würde. Ich wollte keine Nähe mehr zu ihm und begann eine unbewusste Wut zu entwickeln. Manchmal konnte er es sich nicht verkneifen einen „dummen Kommentar" von sich zu geben: >>Und bist immer noch in die Knoblauchtussi verknallt?<< oder

>>Du siehst heute aber geil aus, hast du nicht doch mal wieder Bock?<<

Ich versucht diese Kommentare von ihm einfach stehen zu lassen. Ich ignorierte, dass was er sagte, so gut ich konnte. Meine Angst, er könne mich wieder anfassen wollen, blieb. Inzwischen hatte meine Mutter eine andere Arbeitsstelle. Obwohl ich solche Dinge wahrnahm und wusste, kann ich mich nicht erinnern, dass ich jemals ein Gespräch mit ihr führte, welches so etwas erklären würde. Es geschah einfach, plötzlich war sie da und nicht mehr dort. Genauso wie vieles bei unserer Familie unter der Hand geschah. Keiner interessierte sich für den Anderen und man ließ geschehen, was zu anstrengend war. Man sprach nicht über Probleme, sondern verschwieg sie. Man heulte auch nicht voreinander, sondern ging dazu auf die Toilette oder in sein Zimmer. Wenn ich mit Tränen vor meiner Mutter stand, hat sie durch mich hindurchgesehen und oft dachte ich mir, wie sehr ich mir wünschen würde, dass sie mich einfach mal trösten würde. Egal weswegen, einfach weil es mir jetzt nicht gut ging.

Meine Mutter hat uns nie in den Arm genommen. Ich wusste gar nicht, wie das funktioniert. Wenn sich im Fernsehen Menschen umarmten, schaute ich genau hin, um zu analysieren, wie das geht. Es mag total verrückt klingen, aber es ist wahr. Ich wollte rein technisch wissen, wie es wäre, wenn ich jemanden in den Arm nehmen würde und weil ich es nicht erleben konnte, musste ich es wenigstens gedanklich, theoretisch können, denn der Wunsch es zu tun, war allemal da.

Da der Kontakt zu Lina mit der Zeit immer weniger geworden war und ich sie, trotz aller Bemühungen, nicht festhalten konnte, vertiefte ich den Kontakt zu Katharina und ihrem älteren Bruder. Lina war kaum noch zu Hause, war, wie ich, in der Pubertät und hatte mehr Sorgen mit Kerlen, als dass sie sich auch noch Gedanken über mich oder uns machen wollte. Wenn sie mir mal schrieb, dann ging es um das Rauchen, um Verliebtheit und die Zugehörigkeit von Cliquen. Heute würde ich sagen, dass uns das Erwachsenwerden auseinander gebracht hat. Heimlich habe ich oft geheult, weil ich ahnte, dass ich sie verlieren würde. Jetzt stellte sich heraus, dass ihr unser Kontakt nicht so wichtig war, wie er mir immer war. Wie gerne hätte ich sie manchmal in den Arm genommen, um ihr zu sagen, wie sehr ich sie als Freundin liebte. Die Angst, bei meiner Umarmung etwas falsch machen zu können, hielt mich ab.

Katharina war ja drei Jahre älter und hatte diese anfängliche Pubertätsphase schon hinter sich gebracht, daher kannte ich sie schon so, wie ich sie kennengelert hatte. Sie war sich etwas sicherer in dem, was sie war und was für sie wichtig war. Ich hatte zwar nie so eine tiefe Zuneigung zu ihr, wie zu Lina, jedoch kam ich damit besser zurecht. Was sie sagte oder tat, bedeutet mir nicht soviel, wie das von Lina. Zudem hatte ich das Gefühl, dass mir ihr Bruder und dessen Freund besonders gefielen. Ich weiß nicht, ob ich verliebt war. Möglicherweise waren es Schwärmereien. Eigentlich mochte ich sie nur, weil sie nett zu mir waren und mich beachteten. Meine Gefühle zu Gülsen jedoch hatten sich nicht geändert. Mit der Zeit hatten sie sich nur noch verstärkt. Da mir bewusst war, dass ich niemals eine Beziehung zu ihr haben würde, hatte ich auch die Augen für andere Mitmenschen geöffnet. Innerlich war mir klar, dass ich sie lieben würde und es vermutlich auch für immer so sein würde, aber der Respekt zu ihr war zu groß. In der Zeit, als ich mich in Gülsen verliebte, beschäftigte ich mich viel mit dem Koran und dem türkischen im Allgemeinen. Ich bekam natürlich mit, dass es für Moslems ein „no-go" war, eine Beziehung mit einem gleichgeschlechtlichen Partner einzugehen. Die Vorstellung ich könnte ihr mit meinen Gefühlen Probleme bereiten, hielten mich ab an eine Beziehung zu glauben.

Ich machte mir Gedanken, wie es wäre, eine Beziehung mit einem Mann einzugehen, doch immer wenn ich mir vorstellte, dass ich mit dem schlafen müsste, bekam ich Panik und mir wurde übel. Trotz all dem fand ich den Bruder von Katharina ziemlich nett und Lina erklärte mir einmal, dass es in der Pubertät normal wäre, sich ständig und in mehrere zu verlieben. Ich muss sagen, in der Zeit zwischen meinem dreizehnten und sechzehnten Lebensjahr war ich relativ häufig in irgendjemanden verliebt. Dabei spielte es zuerst auch keine Rolle, ob es sich dabei um männliche oder weibliche Wesen handelte. Möglicherweise waren es auch nur Schwärmereien, die man gleich als „Verliebtheit" empfunden hat. Meist haben sie aber nur kurz angehalten und waren nicht wirklich von Bedeutung.

21. Kapitel

Je mehr Zeit ich bei Katharina und ihrem großen Bruder verbrachte, umso öfter fiel mir auf, dass sie nicht, wie ich bisher dachte, auf meiner Wellenlinie waren. Sie sagten immer wieder dumme Aussagen über Ausländer und vor allem Türken. Da ich aber meine Gülsen sehr liebte, verletzte es mich zunehmend. Ich fühlte, als würde man mich persönlich beleidigen, aber ich redete mir ein, dass es nur „unüberlegte Kommentare wären". So etwas wie „Die haben hier nichts verloren" konnte nicht so gemeint sein, wie es ankam. Für mich war klar, dass sie keinen netten Ausländer kennen würden, sonst würden sie so etwas nicht sagen. Ich wand mich ein wenig von Katharina ab und verbrachte die Zeit immer mehr mit den Freunden ihres Bruders. Vielleicht, weil ich wissen wollte, wie jemand auf solche dummen Kommentare kam. Eigentlich für mich sehr ungewöhnlich, da ich mich in der Nähe von Kerlen nie sonderlich wohlfühlte, aber bei einem hatte ich das Gefühl, er könne in meine Seele schauen. Er war auch schon älter, so ungefähr 18 oder 19, groß und machte einen verständnisvollen Eindruck. Eines Tages fragte er mich, warum ich denn so Scheu ihm gegenüber wäre. Es erschrak mich regelrecht, weil er das bemerkt hatte. Bisher hatte ich kaum etwas mit ihm zu tun. Er war nur ein freund von Katharina und Ronny und war oft in der Wohnung, wenn ich da war. Da ich ihm aber keine vernünftige Antwort darauf geben konnte, fragte er mich: >> Hast du schlechte Erfahrungen gemacht? <<. Auf diese Frage schwieg ich. >> Hey, komm, du kannst mir vertrauen, ich sag nichts, ich sehe doch, dass da was ist <<, meinte er zu mir, während er mir seine Hand auf die Schulter legte. >> Ja, vielleicht ist da was, aber ich kann es nicht sagen <<, sagte ich zu ihm.
>> Weißt du was? Du schreibst es mir auf, OK? <<, antwortete er mir, während er mir einen Zettel reichte. Ich zögerte, überlegte und schrieb, dass mit mir jemand was

gemacht hat, was ich nicht wollte. Gab ihm den Zettel und ging in das Wohnzimmer, um eine Zigarette zu rauchen. Wieder schlug mein Herz bis zum Hals. Es fühlte sich an, als habe ich mich vor ihm ausgezogen, ihm mein Innerstes präsentiert und wartete nun auf meine Verurteilung. „Wie konnte ich ihm nur so etwas schreiben? Hätte ich es nicht einfach für mich behalten können? Du kommst in Teufels Küche …", dachte ich mir, während ich mich versuchte zu beruhigen. Es war als wäre es aus mir herausgesprudelt und ich wollte es gar nicht. Ich hätte mir vorstellen können, dass ich es irgendwann einmal Lina sagen könnte, aber niemals einem fremden Menschen und dann auch noch einem Mann. Er kam zu mir in das Wohnzimmer, setzte sich gegenüber von mir hin und meinte:

>> Das heißt du bist vergewaltigt worden? War es jemand den du kennst? <<. Ich stutzte, eigentlich war es für mich keine Vergewaltigung, aber es machte ja auch keinen großen Unterschied, ob mit oder ohne Penetration. Mein Bruder machte sexuelle Handlungen mit mir, das fühlte sich auch an wie eine Vergewaltigung.

>> Ja ich kenne ihn, er ist mein großer Bruder <<, sagte ich ihm vorsichtig. Entsetzt schaute er mich an. Ich bemerkte, dass ich die Nähe und das Gefühl, dass er darüber bescheid wusste, nicht mehr ertragen konnte. Ich hatte Panik in mir, fühlte mich elend, hatte das Gefühl mich übergeben zu müssen. Ich beschloss das Gespräch abzubrechen, indem ich einfach aufstand und ging wieder zurück in unsere Wohnung. Dass ich mich sonderbar, den Kerlen gegenüber verhielt, war bekannt, doch vielleicht konnte er sich jetzt denken, warum das so war.

Wohl damit fühlte ich mich allerdings nicht. Immer wenn ich durch das Treppenhaus laufen musste, schaute ich um die Ecke, ob jemand aus der Wohnung von Katharina und Ronny kommen würde, um ihm nicht über den Weg laufen zu müssen. Ich wünschte mir, ich hätte ihm das nie mitgeteilt. Vielleicht war es eine Vorahnung.

Ein paar Tage später kam mir eine Freundin von ihm entgegen und fragte mich lächelnd: >> Na hat es denn Spaß gemacht? <<. Ich verstand nicht, was sie meinte. >>Was meinst du denn? <<, fragte ich sie verwundert. >> Na mit deinem Bruder, hat es Spaß gemacht? Hattest du einen Höhepunkt? <<. Es blieb mir die Spucke im Halse stecken und ich merkte nur, wie mir die Tränen in die Augen schossen. Wie immer war ich wie gelähmt, konnte darauf nicht antworten. Während sie mit einem Lachen an mir vorbei ging, rannte ich hinter eine Mauer und heulte, das erste Mal seit langer Zeit, richtig laut. Es war mir egal, ob mich jemand sehen oder hören konnte. Bilder, Fragen und Gedanken schossen mir durch den Kopf, während die Tränen nicht mehr aufhören wollten zu laufen. Nicht nur, dass er mich belogen hatte, dass ich ihm vertraute, er hatte sich mit ihr über mich ausgetauscht. Über mich womöglich noch gelacht und ihr sonst was erzählt. Wie konnte sie nur darauf kommen, dass es mir gefallen haben könnte. Plötzlich fühlte ich mich wieder schuldig. Schuldig an dem, was passiert war. Ich glaubte wieder fest daran, dass ich selbst daran schuld wäre und es hätte verhindern müssen, und da ich es aber zugelassen hatte, musste es mir schließlich auch gefallen haben. So dachten die jedenfalls. Es kam mir vor, als habe man mich an einen Pranger gestellt. Keiner dachte daran, dass mein Bruder etwas getan hatte. Nein, ich war die Schuldige.

Nachdem ich mich ein wenig beruhigt hatte und mich umschaute, ob niemand kommen würde, ging ich wieder in die Wohnung. Es war mir so schlecht, dass ich es über Tage nicht mehr schaffte etwas zu essen. Wenn ich einen Bissen sah, musste ich ihn zudecken, um mich nicht übergeben zu müssen. Es war, als wäre ein Geschwür in meinem Magen aufgeplatzt und es würde sich nur um tage handeln, bis ich tot umfallen würde.

Ich begann eine enorme Wut ihm gegenüber zu entwickeln

und entschloss mich, zu ihm zu gehen, um ihn zur Rede zu stellen.

Da er ebenfalls in der gleichen Ortschaft wohnte, war ich schnell bei ihm vor der Wohnungstür angekommen. Seine Mutter wohnte im oberen Stockwerk, er eine Etage tiefer. Obwohl mein Körper vor Angst zitterte, gab ich mir einen Ruck und drückte die Klingel. Keine Reaktion ... In meiner Wut kam ich in einen richtigen Rausch und drückte unzählige Male die Klingel. Er machte nicht auf. Ich fühlte mich so bloß gestellt, da ich ihm das aber in dem Moment nicht mitteilen konnte, musste ich wieder umkehren. Ich hatte mir schon richtig zurechtgelegt, was ich ihm sagen wollte, aber es sollte wohl nicht sein. Eigentlich ging ich davon aus, dass er einfach zu feige war, um die Tür zu öffnen, aber er schien wirklich nicht zu Hause zu sein.

Auf meinem Rückweg musste ich an der Wohnung von Katharina und ihrem Bruder vorbei laufen. Sein Zimmerfenster war zur Straße hin und es war nicht zu überhören, dass seine „Freunde" wieder bei ihm waren. Es lief laut Musik und ich hörte, wie sie sich unterhielten. Als ich daran vorbeilief, hörte ich sie lachen. Ich weiß nicht, ob sie wirklich über mich gelacht hatten, aber in dem Moment fühlte es sich so an. Meine Wut war auch plötzlich nicht mehr so stark, wie sie noch vor einigen Minuten war, ich spürte nur noch Angst und Scham. Das erste Mal, als ich zu Hause ankam, beschloss ich nicht mehr leben zu wollen. Ich ging ins Bad und schaute, welche Medikamente sich in dem Badschrank befanden. Ich schluckte 10 Tabletten Kopfschmerztabletten und legte mich ins Bett.

Eine halbe Stunde später spürte ich, wie die Wirkung langsam einsetzte, und bekam es plötzlich mit der Angst zu tun. Eigentlich wollte ich doch gar nicht sterben, fiel mir auf. Ich konnte es jedoch nicht rückgängig machen. Ich musste die Wirkung der Tabletten ertragen und hoffte, dass sie bald wieder nachlassen würde. In meinem Kopf rauschte es und ich spürte, wie das Blut durch die Adern schoss. Ich sah

Blitze vor den Augen und hatte das ständige Gefühl mich übergeben zu müssen. Obwohl ich versucht einfach die Wirkung „zu verschlafen" gelang es mir nicht einzuschlafen. Das hatte ich mir irgendwie nicht so schlimm vorgestellt, dachte ich mir. Immer dachte ich, wenn man Tabletten schlucken würde, könne man sanft wegdämmern, aber so war es nicht. Natürlich kam ich nicht daran vorbei, mit diesem Zustand, an meiner Mutter vorbei zu laufen. Irgendwie hoffte ich, dass sie es sehen würde, dass es mir schlecht ging, doch sie sah es nicht. Sie war so sehr mit sich selbst beschäftigt, dass sie mich nur oberflächlich ansah, wenn wir uns zum Gang auf die Toilette begegneten. Ich weiß nicht, wie sie reagiert hätte, wenn sie gewusst hätte, was ich getan hatte, aber womöglich hätte sie mich nur angeschrien. Ich hätte mir so sehr gewünscht, ihr sagen zu können, was passiert war. Ich konnte nicht. Ich fühlte mich so alleine und auf mich selbst gestellt und wusste nicht, wie ich dieser schlimmen Lage entfliehen konnte. Nie hatte mir jemand beigebracht, mich gegen Unverschämtheiten zu wehren. Dinge nicht an mich heran zu lassen, wenn sie mich verletzten. Konflikte zu lösen, wenn sie ausuferten. Irgendwie schaffte ich es, den Tag mit diesen Symptomen zu überstehen. Am nächsten Tag waren sie weg und ich war erleichtert, dass es mir körperlich wieder besser ging. Ich schwor mir, dass ich nie wieder irgendwelche Tabletten überdosiert schlucken würde. Körperlich ging es mir noch nie so schlecht, wie an diesem vergangenen Tag. Die Kontrolle, die ich zurückholen wollte, hatte ich total verloren. Die Kontrolle, selbst entscheiden zu dürfen, wann es mir schlecht ginge.

22. Kapitel

Noch Tage später verspürte ich eine so massive Wut ihm und der ganzen Familie gegenüber, dass es sich schon fast in Hass umschlug. Ich wollte dieses Verhalten nicht auf mir sitzen lassen. Immer noch war es mir nicht möglich etwas zu essen. Ich fühlte mich verspottet, hintergangen und in meiner Würde tief verletzt. Es war mir jedoch nicht möglich diese Wut und Enttäuschung in Worte zu fassen, um sie ihm ins Gesicht zu sagen. Nicht nur, dass ich ihn mit Briefen bombardierte, rief ich immer wieder an und legte wieder auf. Es war meine Art ihm zu sagen, dass ich sehr verletzt und wütend war. Wenn ich die Bestätigung bekam, dass er sich genervt von mir fühlte, bekam ich ein Gefühl der Genugtuung. Je mehr er sich aufregte, wenn er ins Telefon fluchte, umso besser ging es mir dabei. Es war meine Art Rache für das, was er getan hatte.

Ich war in einen richtigen Rausch geraten und vergaß dabei, dass ein solches Verhalten eventuell auch Konsequenzen haben könnte.

Als ich mitbekam, dass er sich wieder bei Ronny aufhielt, schrieb ich erneut einen Brief an ihn und brachte ihn zur Wohnung. Ich klingelte und als der jüngere Bruder die Tür öffnete, warf ich ihm den Brief vor die Füße. Es war mir klar, dass er nichts damit zu tun hatte, aber ich wollte meine Wut und meine Verletzung zeigen. Ich war gerade im Treppenhaus wieder auf dem Weg zu unserer Wohnung, als die Türe von Ronny wieder aufging und ich hörte, dass jemand herauskam. Ich bekam jedoch nicht die Reaktion, die ich erwartet hatte. Ein anderer Freund von Ronny rief mir hinterher, dass ich zurückkommen solle. Ich kannte ihn eigentlich nur vom Sehen und hatte mit ihm bisher nichts zu tun. Obwohl ich etwas überrascht war, dass er mit mir reden wollte, ging ich zurück, um zu erfahren, was er von mir wollte. In Sekundenschnelle drückte er mich im Treppenhaus gegen die Wand. Seine Hand hatte er an meine Kehle gelegt.

Da er um einiges größer war als ich, konnte ich in dieser Lage nur auf sein Kinn schauen. Ich spürte seinen Atem in meinem Gesicht, als er mir sagte: >> Wenn du es noch einmal wagst, mir oder irgendjemandem von uns unter die Augen zu treten, dann kill ich dich <<. Dann holte er eine schwarze Pistole aus seiner rechten Hosentasche und hielt sie mir an den Hals. Ich war schockiert und wusste gar nicht, was hier gerade geschah. Ich bekam deutlich zu spüren, dass mein Verhalten nicht auf eine Reaktion gestoßen war, die ich mir gewünscht hätte. Ich hatte gehofft, dass er merken würde, wie sehr er mich verletzt hatte, dass er meine Wut und meine Enttäuschung merken würde, um sich dann bei mir dafür zu entschuldigen. Damit alles wieder so sein könnte, wie es vorher war. Jetzt allerdings war alles aus dem Ruder gelaufen.

Vor Angst erstarrt, war es mir unmöglich mich aus der Lage zu befreien. Mit dem Rücken an die Wand des Treppenhauses gepresst, die linke Hand von ihm an meiner Kehle und in der rechten Hand von ihm eine Knarre. >> Wenn ich dich nachts auf der Straße mal sehe, knall ich dich ab … <<, sagte er mir, während er mich wieder losließ und zurück in die Wohnung ging. Mein Körper bebte, es war mir fast unmöglich einen Fuß vor den anderen zu setzen, als ich ebenfalls wieder zurück in unsere Wohnung ging. Ich schloss mich im Bad ein und versuchte die Situation zu verstehen, die ich gerade erlebt hatte.

Ich ging zu meiner Mutter, die gerade im Wohnzimmer vor dem Fernseher saß, und sagte ihr: >> Der hat mich gerade mit der Pistole bedroht, ich will ihn anzeigen <<.

Meine Mutter wusste nicht, um was es ging, sie fragte auch nicht näher nach. Entweder sie hat immer mit so einer Situation gerechnet oder mich nicht ernst genommen. Ihre Antwort bestätigte mir, dass ich ihr als Kind egal war: >> Was hast du denn wieder getrieben? Wenn er es noch mal macht, kannst du ihn immer noch anzeigen <<. Ich hätte mir gewünscht, dass sie fragen würde, was passiert war, warum ich so aufgelöst war und ihre Hilfe wollte. Sie schaute zurück in den Fernseher und ich spürte, dass ich sie jetzt nicht von ihrer gewohnten Fernsehzeit abhalten sollte. Auch die Hoffnung, dass sie mich nach dem Film oder ein paar Tage später nochmals darauf ansprechen würde, blieb unerfüllt.

Auch Wochen danach hatte ich immer noch das Gefühl in einem tiefen dunklen Loch zu sitzen. Nachts heulte ich, tagsüber war ich körperlich da, gedanklich nicht anwesend.

23. Kapitel

Nachdem ich auch wieder einen Streit mit meiner Mutter hatte, beschloss ich abzuhauen.

Streitereien zwischen meiner Mutter und mir entstanden meist aus heiterem Himmel. Wenn sie von der Arbeit gestresst war oder weil die liebe Tochter mal wieder nichts essen wollte, um Mutters Aufmerksamkeit zu erlangen.

Ich rannte aus der Wohnung und knallte die Tür hinter mir zu. Eigentlich war mir egal, wo ich hingehen würde, nur mal weg aus diesem verfluchten Haus. Ich beschloss erst einmal, zu einem abgelegenen Waldstück zu gehen. Eigentlich war dieses Waldstück ein Spielplatz für Kinder, da es aber schon so heruntergekommen war, hielten sich dort nur selten Menschen auf. Das Unkraut war bis zu den Knien hoch gewachsen, die Schaukeln ohne Lack und die kleine Grillhütte mit Liebeserklärungen und wilden Schmierereien bemalt. Ich setzte mich auf eine Bank und dachte über mein Leben nach: „Meine Mutter hasst mich. Freunde hab ich keine. Gülsen wird mich nie so lieben wie ich sie. Ich habe meine ´zweite Familie` verloren, die eigentlich nie wirklich eine Familie war. Ich fühle mich nicht nur allein, ich bin es auch …," Während ich dabei war, eine Zigarette nach der Anderen zu rauchen, ließ ich die Asche auf meinen Körper fallen. Es war mir in dem Moment alles, aber auch wirklich alles egal. Auch das meine Mutter, wenn ich wieder zurückgehen würde, den Rauch riechen könnte, um festzustellen, dass ich doch wieder rauchte. Ich bekam die Idee, die Zigarette an meinem Bein auszudrücken. Ich schob meine Hose ein Stück nach oben und hielt die Glut der Zigarette kurz an meine Haut. Obwohl es unangenehm war, hat es mir eine gewisse Erleichterung gebracht. Es gelang mir sogar, als ich einen Blick auf „mein Werk" machte, zu lächeln. Es war etwas, was ich bewusst getan hatte, bewusste Schmerzen, die ich ein Stück kontrollieren konnte und danach hatte ich eine Erinnerung, die für immer bleiben würde. Ich versank total in meiner Fantasie. Träumte von Gülsen und überlegte wie es wäre, wenn ich alt genug wäre, um auszuziehen. Wenn ich weg konnte, wohin ich wollte, wenn ich sein durfte, was ich wollte, denn eine Familie hatte ich sowieso nie.

Nachdem ich mich drei Stunden auf diesem „Spielplatz" aufhielt, beschloss ich wieder nach Hause zu gehen. Es ging mir wieder besser, ich fühlte mich wohler und es war mir auch total egal geworden, ob ich Ärger von meiner Mutter bekommen würde, weil sie nicht wusste, wo ich war und es schon anfing zu dämmern.

Als ich vor dem Haus angekommen war, setzte ich mich auf die Treppe, die zum Hof führte. Plötzlich war es mir nicht mehr danach in die Wohnung zu gehen, ich wollte meine Freiheit, die ich dachte, in dem Moment erlangt zu haben, weiter genießen. Es war total neu für mich, dass ich in der Öffentlichkeit rauchte, ohne Angst erwischt zu werden. Zudem war es mir vollkommen egal, dass meine Kleidung voller Asche war, welche ich zuvor noch auf mich fallen ließ. Ohne eine Erklärung an meine Mutter war ich aus der Wohnung gegangen und wollte auch so lange wegbleiben, wie ich es wollte.

Erschrocken musste ich nach ein paar Minuten feststellen, dass es meiner Muter dieses Mal nicht egal war, wo ich mich befand. Mein großer Bruder kam in die Garage gefahren, meine Mutter saß neben ihm im Auto, stieg aus und kam zu mir:

>> Mensch Kind, wo warst du denn, wir haben dich gesucht. Was ist denn los? Wenn es wegen des Rauchens ist, dann mach es in der Wohnung, nicht in der Öffentlichkeit, das wäre mir lieber … <<. Ich schaute sie fragend an und sagte ihr:

>> Ach, es ist alles scheiße <<. Sie lächelte mich an nahm mich an der Hand und wir gingen zusammen in die Wohnung zurück. Das war der erste und leider einzige

Moment, an den ich mich erinnern kann, wo ich das Gefühl hatte, dass meine Mutter mich doch lieben könnte. Zwar hatte sie ihr Versprechen, dass wir später einmal darüber reden könnten, nie eingehalten, aber dass sie so reagiert hatte, war eine neue und sehr schöne Erfahrung für mich. Meine neue Entdeckung, dass selbstzugeführter Schmerz Erleichterung bringen konnte, ließ ich mir nicht mehr nehmen. Immer wieder kam es zu Situationen, wo ich mich verletzt, enttäuscht und unverstanden fühlte oder einfach nur rasend vor Wut war. Manchmal ritzte ich mir mit der Nagelschere Risse in den Arm, und wenn mich jemand darauf ansprach, erklärte ich, dass dies Kratzer meiner Katze wären. Auch der Drang, meinem Körper Schaden zuzufügen, kam manchmal wieder hoch. Allerdings nahm ich keine Kopfschmerztabletten mehr, um ihm zu schaden, sondern Abführmittel. Ich war mitten in der Pubertät und huschte zudem dem Drang nach immer weniger wiegen zu wollen, da kam mir Abführmittel gerade recht. Ich hatte den Glauben, dass man damit ein bisschen abnehmen könnte. Wenn ich es mal geschafft hatte, eine Woche lang nichts zu essen, ging es mir besser und ich fühlte mich wohler. Ich weiß nicht, ob es wirklich wichtig war, schlanker zu werden, weil ich eigentlich nie dick war, ich wollte nur etwas tun, was ich selbst kontrollieren konnte. Trotz dieser Diätexzesse hatte ich nie Untergewicht und schaffte es, dass es keinem offensichtlich auffiel, was ich meinem Körper antat. Dazu kam, dass meiner Mutter eines sehr wichtig war: Kinder müssen essen. Es war ein regelrechtes Katz- und Maussspiel, Diäten vor ihr zu verheimlichen. Womöglich brauchte ich das, um eine eigene Persönlichkeit entwickeln zu können.

Mein großer Bruder hatte nie wieder versucht, mich zu sexuellen Handlungen zu überreden. Es war schon fast verwunderlich, wie einfach es war, es einfach nicht zu tun. Immer wieder dachte ich mir, dass ich das hätte viel früher machen müssen. „Nein" sagen.

Jedoch ließ er es sich nicht nehmen, Kommentare

abzugeben, wenn ich nur mit einem langen T-Shirt im Sommer durch die Wohnung lief:
>> Du hast aber geile Beine … Du hast eine geile Figur bekommen … <<. Der Brechreiz, der mir bei solchen Sätzen hochkam, versuchte ich mir nicht anmerken zu lassen und beschloss nur für mich, meinen Kleidungsstil der Anwesenheit meines Bruders anzupassen. Wenn er dann zu Hause war, schwitzte ich lieber, als dass ich freizügig herumlief.

24. Kapitel

Nachwort

Meine restliche Jungend verlief zwar nie „normal", wie man es sich vorstellen würde, aber sie verlief. Immer wieder kam es zu Wutausbrüchen, die ich immer nur dann zuließ, wenn niemand zu Hause war. Es war, als würde ich einen Knopf anstellen, um meinen ganzen Frust und meine Verzweiflung herauszulassen. Meist flogen Gegenstände durch die Wohnung oder ich schlug gegen die Wand und brüllte dabei wie von einem Teufel besessen. Wenn man sich das als Film angeschaut hätte, hätte man vermutlich einen Pfarrer zur Teufelsaustreibung gerufen. Ich wusste auch genau, wie lange ich „toben" durfte, bevor wieder jemand meiner Familie nach Hause kam. Hörte dann schlagartig damit auf, räumte die umhergeworfenen Dinge wieder weg und setzte mich lächelnd vor meinen Gegenüber. Es brachte mir Erleichterung zu toben und zu brüllen, was ich mich vor Menschen nie getraut hätte.

Gülsen liebte ich bis zu ihrem Tod. Während der Schulzeit begann ich Gedichte zu schreiben, Liebesbriefe an sie, die sie nie erhalten hat. Da sie Türkin und daher Muslima war, wurde sie bereits mit dreizehn Jahren mit einem Mann aus der Türkei verlobt. Ab diesem Alter begann sie auch, ein Kopftuch zu tragen. Was ihre Schönheit nur noch unterstützte. Nachdem sie ihren Abschluss gemachte hatte, ging sie in die Türkei, um dort ihren zukünftigen Mann zu heiraten. Ich muss nicht beschreiben, wie sehr mich es verletzt hatte, als ich davon erfuhr, dass sie vermutlich in der Türkei bleiben würde. Kurze Zeit nachdem sie dort war, musste ich in den Nachrichten erfahren, dass es ein Erdbeben gegeben hatte. Wochenlang hatte ich Angst, sie wäre dabei umgekommen. Nach einem Telefonat mit ihrer Schwester erfuhr ich, dass es ihr gut ging und sie noch einmal für zwei Tage nach Deutschland kommen würde, bevor sie für immer in die Türkei ginge. Als die zwei Tage vorbei waren, versuchte ich mir die Pulsadern aufzuschneiden, quer, nicht längst, wie man es hätte richtig machen müssen. Ich musste akzeptieren, dass sie nicht mehr in meiner Nähe sein würde. Nach ein paar Jahren erfuhr ich durch meinen Zwillingsbruder, dass sie in der Türkei einen Verkehrsunfall hatte, bei dem sie starb. Vielleicht hätte man ihr noch helfen können, wenn der Unfall in Deutschland passiert wäre. Eine Bekannte sagte mir einmal, dass die Zustände dort so schlimm wären, dass man nicht festgestellt habe, dass meine Gülsen innere Blutungen hatte und nach dem Autounfall im Krankenhaus verblutete. Ich habe erst nach ein paar Jahren ihren Tod akzeptieren können. Ich musste sie gehen lassen, sonst wäre ich daran zerbrochen. Jetzt ist sie für mich ein Engel, mit dem ich ab und zu spreche und hoffe, dass es ihr gut geht. Meine Angst, sie für immer zu verlieren ist zwar eingetroffen, aber jetzt kann ich ihr alles sagen, was ich vorher nicht konnte. Und ich bin der Überzeugung, dass wir uns irgendwann wiedersehen werden.

Mein älterer Bruder ist nach, dem er seine Freundin, die er sehr spät über eine Anzeige fand, ausgezogen und hat sie nach einem Jahr geheiratet. Es ist nie wieder zu irgendwelchen sexuellen Handlungen oder zweideutigen Bemerkungen gekommen. Am Anfang versuchte ich noch den Kontakt zu ihm und seiner Frau zu halten, was mir jedoch nicht so gelang, wie ich es mir gewünscht hätte. Gerne hätte ich alles vergessen, verarbeiten können und zur Seite geräumt. Es ist mir bis heute nicht möglich. Die Erinnerungen und die damit verbundene Hilflosigkeit und Übelkeit kann ich nicht ertragen. Meine Versuche, dass es mit den Jahren weniger werden würde, schlugen fehl. Wenn wir aufeinandertreffen, ist unser Kontakt distanziert und oberflächlich, ebenfalls von seiner Seite aus. Ich denke, dass er nicht vergessen hat, was zwischen uns war und es heute, hoffentlich, mit anderen Augen sieht, als er es damals gesehen hat.

Die Frage, ob ich ihn nicht dafür bestrafen wolle, beantworte ich auch heute noch mit einem klaren „Nein". Wenn er nicht mein Bruder wäre, würde ich darüber vielleicht anders denken und anders handeln. Er ist kein pädophieler Kinderschänder, sondern hat seine Sexualität ausprobiert, und da er in seiner Jugendzeit nie eine Freundin hatte, war ich Mittel zum Zweck. Es mag erschreckend klingen, wie ich das sehe, aber keiner, der es erlebt hat, kann dass so verstehen.

Vielleicht ist es auch mein Versuch, es gut zu reden.

Zu meiner sogenannten „zweiten Familie" Katharina, Ronny und deren Freunde hatte ich keinen Kontakt mehr, nachdem es zu dieser Ausschreitung im Treppenhaus kam. Es kam auch nie wieder zu einem Versuch der Kontaktaufnahme ihrerseits. Zwar habe ich noch lange nach dem Vorfall Angst gehabt alleine unterwegs zu sein und Schweißausbrüche bekommen, wenn ich einen von denen sah, aber heute spielen sie für mich kaum noch eine Rolle. Die Verletzungen, die ich damals durch sie erfahren musste, wie es ist, wenn man vertraut und dann verraten wird, habe ich nicht vergessen und nicht verziehen, es hat mich im Versuch neue Freundschaften zu bilden, sehr beeinflusst und vorsichtig gemacht. Ich habe seit Jahren keiner mehr dieser „Sippschaft" gesehen und lege auch keinen Wert darauf, aber Angst hätte ich heute keine mehr vor ihnen.

Meine geliebte Freundin Lina ist nach ihrer Ausbildung nach Amerika gegangen. Nach einem Versuch Kontakt mit ihr aufzunehmen, musste ich feststellen, dass wir zu weit voneinander entfernt waren. Psychisch wie physisch. Das Vertrauen fällt mir immer noch sehr schwer, auch ihr gegenüber, und da sie so weit weg ist, kann ich nicht sehen, wie ehrlich sie zu mir ist. Ich denke oft an sie, träume nachts von ihr und vermisse sie manchmal sehr. Sie war einer der Menschen, für die alles getan hätte, vor allem, um sie niemals zu verlieren. Nachdem ich an meiner Abschlussfeier, heulend sie das erste Mal in den Arm nahm und sie anflehte, mich niemals zu verlassen, musste ich sie trotzdem gehen lassen. Die Angst Menschen, die ich liebe, für immer zu verlieren macht mich heute noch zu einem Opfer meiner Gefühle. Oftmals kette ich mich so sehr an Menschen, die mir etwas bedeuten, dass sie schnell die Flucht ergreifen. Was ich sogar verstehen kann.

Je mehr ich versuche, sie zu halten, indem ich die perfekte Freundin bin, umso mehr mache ich falsch und verliere meine eigene Persönlichkeit, meine Wünsche und Bedürfnisse. Das führt immer wieder zu Konflikten, Wutausbrüchen und Selbstzerstörung.

Auch zu meiner Grundschulfreundin hatte ich versucht wieder Kontakt zu finden, jedoch ist das ebenfalls gescheitert. Immer wieder hatte ich das Gefühl in einer anderen Welt zu leben, andere Gedanken und Gefühle zu haben, als sie es hatte. Dazu kam, dass ich seit meinem sechzehnten Lebensjahr immer mal wieder zuviel Alkohol trinke, was solche Kontakte zusätzlich erschwert und mit Missverständnissen belastet. Nachdem ich einmal total betrunken nachts an ihrer Fensterscheibe geklopft hatte und sie mit meinen Gedanken überrannte, meldet sie sich nicht mehr. Ich denke, sie war erschrocken, wie sehr Psycho ich geworden war. Auf meine Frage, ob ich sie fände, dass ich sehr „durch" wäre, antwortete sie mit „Ja". Es war ehrlich, aber auch irgendwie verletzend, dass sie mich so sah und vor allem, dass ich mich ihr so gezeigt hatte.

Zu meiner Mutter habe ich ab und zu Kontakt, doch auch ihr kann ich die Missachtungen nicht wirklich verzeihen. Wie oft hätte ich mir als Kind eine starke Mutter gewünscht, die sieht, dass es ihrem Kind schlecht geht und der nicht wichtiger ist, wie der Schein nach außen fällt. Dazu kommt, dass sie, genau wie meine liebe Oma, mit negativen Erinnerungen und Gefühlen behaftet ist, für die sie nichts kann. Manchmal löst alleine ihre Stimme Übelkeit in mir aus und ich habe die Bilder von meinem Bruder vor mir. Der Versuch es ihr irgendwie als Tochter recht zu machen, habe ich aufgegeben. Nachdem sie mir irgendwann mal sagte, dass sie nie eine Tochter gewollt habe, wusste ich, warum ich mich als Mädchen äußerst unbeachtet fühlte, im Gegensatz zu meinen Brüdern.

Nachdem ich eine Ausbildung gemacht hatte und eine Zeit lang in meinem erlernten Beruf gearbeitet hatte, landete ich immer wieder wegen Suizidversuchen, mit Tabletten, in der Psychiatrie. Seitdem habe ich es nicht mehr geschafft, beruflich wieder Fuß zu fassen. Immer wieder gerate ich an Grenzen, die eigentlich keine sein sollten, Ängste, die man nicht haben sollte und Konflikte in Beziehungen, die nicht sein müssten.

Heute lebe ich mit den Diagnosen Borderline-Persönlichkeitsstörung und PtB (Posttraumatische Belastungsstörung) und nehme Psychopharmaka um meine Gefühle unter Kontrolle zu halten. Nie hätte ich gedacht, dass die Erlebnisse mit meinem Bruder einen solchen Rattenschwanz hinter sich herziehen würden. Das Gefühl, dass ich nicht so bin, wie die Anderen, die an meinem Fenster vorbei laufen, werde ich wohl nie wegbekommen. Ich bin in meiner eigenen Gefühlswelt gefangen und muss lernen damit zu leben.

25. Kapitel

Was ich dir schon immer mal sagen wollte

Du hast mein Leben in die Hand genommen und mit mir gespielt. Du hast mich benutzt und beschmutzt. Du bist schuld, dass es mir oft übel ist, dass ich Angst vor Männern habe und ich immer meine, sie begehren mich, obwohl ich es nicht möchte. Wenn Männer mich ansehen, mich ansprechen oder einfach nur nett zu mir sind und mir ein Kompliment machen, wird mir schlecht, ich will schreien, aus tiefstem Herzen schreien und davon laufen. Ich werde wütend auf die Männer, weil ich immer gleich Böses von ihnen denke.

Du hast ein Leben, wie ich es allen Mitmenschen gönne, die ich liebe. Du hast alles erreicht, was du wolltest. Du bist verheiratet und hast zwei wunderbare Kinder, außerdem vergnügst du dich mit anderen Frauen neben deiner Ehe. Oft denke ich, wenn diese Menschen dein wahres Gesicht kennen würden, würden sie weit von dir gehen und dass tun, was bisher viele Menschen mit mir gemacht haben, dich verlassen. Ich wurde verlassen, weil ich anders bin. Weil ich emotional instabil und depressiv bin. Weil ich oft den Wunsch habe meinem Leben ein Ende zu setzen und es nicht mache, weil ich Menschen habe, die mich lieben und die ich liebe.
Du hast mich nicht wie eine kleine Schwester behandelt, du hast mich als Frau gesehen, die ich noch nicht war, du hast mich angefasst und für mein ganzes Leben beeinflusst. Du

hattest nicht das Recht dazu. Ich war lange Jahre in dem Glauben, dass ich es provoziert hätte, so wie du es mir immer gesagt hast, dass ich Schuld daran trage und ich schmutzig und nichts wert bin. Oft hast du zu mir gesagt: >>Ich liebe dich halt<<, aber es war nicht ehrlich, ich war nur da, um deine Gelüste zu befriedigen, nur um deine Fantasien zu beflügeln. Du hattest keine Freundin, du warst alleine, aber du hattest kein Recht auf meinen Körper, dass weiß ich heute.

Ich laufe seit Jahren durch die Welt und suche einen Menschen, der mir helfen kann, diese Gedanken zu vergessen und keiner fühlt sich dafür verantwortlich, keiner will etwas davon wissen und alle sind peinlich berührt, wenn ich dieses Thema anschneide. Was hat dich geritten? Was hast du dir dabei gedacht? Warum hast du das getan? Warum konntest du mir nicht ein ganz normaler großer Bruder sein, von dem man sich beschützen lässt, von dem man weiß, er ist immer für einen da und würde einem nie etwas Böses wollen. So warst du nicht zu mir. Alles, was du von mir wolltest, habe ich dir fast widerstandslos gegeben. Weil ich dich glücklich machen wollte. Weil du mir Dinge eingeredet hast, die nicht richtig waren, mit denen man ein Kind zerstören kann. Das hast du getan, du hast mir einen Teil meines Lebens und meiner Kindheit genommen. Du hast mich verletzt und mein Vertrauen missbraucht. Du warst mir nie ein Bruder, du warst mir fremd und wirst es immer mehr. Du weißt nicht, wie sehr ich heute noch darunter leide, obwohl ich sicher bin, du weißt, dass ich es dir übel nehme, was du getan hast. Du gehst mir aus dem Weg, du sagst gemeine Dinge zu mir. Ich werde dich nicht anzeigen mein großer Bruder, denn ich möchte nicht so sein, wie du. Ich möchte nicht so sein, wie die Menschen, die ich hasse. Ich könnte dir nie dein Leben und das was du hast zerstören, damit könnte ich nicht leben und das möchte ich auch nicht. Ich möchte nicht, dass ich mein ganzes Leben an das zurückdenken muss, was ich dir angetan habe, was ich hätte anders machen können und was ich falsch gemacht habe. Ich weiß nicht, ob du es heute bereust. Ob du weißt, wie sehr du mich verletzt hast, ob du weißt, wie es mein Leben beeinflusst und vor allem ob du weißt, dass du mir dein ganzes Leben etwas schuldig sein wirst, was du mir nie wieder geben kannst.

Die Bank, zu der die zweite Fahrradtour führte.

Der Weg, auf dem ich mein „Bärchen" verlor.